11 (ONZE) PASSOS PARA O DESPERTAR

Um Guia Prático para a Elevação

Paulo Sérgio Oliveirahh

11 (ONZE) PASSOS PARA O DESPERTAR

Um Guia Prático para a Elevação

© 2017, Madras Editora Ltda.

Editor:
Wagner Veneziani Costa

Produção e Capa:
Equipe Técnica Madras

Revisão:
Ana Paula Luccisano
Silvia Massimini Felix
Neuza Rosa

Dados Internacionais de Catalogação na Publicação (CIP)
(Câmara Brasileira do Livro, SP, Brasil)

Oliveirahh, Paulo Sérgio 11 (onze) passos para o Despertar: um guia prático para a elevação/Paulo Sérgio Oliveirahh. – São Paulo: Madras, 2017.

ISBN: 978-85-370-1066-2

1. Autoconhecimento 2. Conduta de vida 3. Consciência 4. Evolução 5. Percepção I. Título.
17-04364 CDD-133

Índices para catálogo sistemático:
1. Despertar: Consciência: Elevação espiritual 133

É proibida a reprodução total ou parcial desta obra, de qualquer forma ou por qualquer meio eletrônico, mecânico, inclusive por meio de processos xerográficos, incluindo ainda o uso da internet, sem a permissão expressa da Madras Editora, na pessoa de seu editor (Lei nº 9.610, de 19/2/1998).

Todos os direitos desta edição reservados pela

MADRAS EDITORA LTDA.
Rua Paulo Gonçalves, 88 – Santana
CEP: 02403-020 – São Paulo/SP
Caixa Postal: 12183 – CEP: 02013-970
Tel.: (11) 2281-5555 – Fax: (11) 2959-3090
www.madras.com.br

Agradecimentos

Ao Algo Maior que sempre me respaldou
Alunos e Amigos de Fé;
Andrea Preisegalavicius Murer;
Claudia Martins Moreno;
Juliana Zanon de Oliveira (minha Filha e Inspiração)
Louise Otero;
Marcia Pugliesi;
Ouvintes de meus programas;
Sandra Regina Zanon;
Sonia Sá;
TODOS os meus seguidores e incentivadores de meu trabalho zarau.

Índice

Prefácio I 9
Prefácio II 13
Apresentação 17
Dicionário do Despertar 21
Introdução 27
História Pessoal 37
    Minhas "perdas" e minha superação 37
Xamanismo 45
Psicologia Transpessoal 47
Movimento Toque do Despertar 49
Constelações Xamânicas 51
Frequência Maior 53
Processo do Despertar 61
11 (Onze) Passos para o Despertar 67
    1º Passo: Preenchendo Nossos Vazios 69
    2º Passo: Gratidão 75

3º Passo: Pureza (Sauchan).................... 78
4º Passo: Ativando o Observador Interno.......... 81
5º Passo: Identificação e
Desmistificação da Sombra.................... 86
6º Passo: Identificação da Realidade
e Autoconhecimento.............................. 91
7º Passo: Aceitação.................................... 96
8º Passo: Desidentificação........................ 100
9º Passo: Transmutação........................... 104
10º Passo: Transformação........................ 107
11º Passo: Contemplação (Não Ação)........ 112

Considerações Finais....................................... 115

Prefácio I

A palavra Despertar nos evoca a imagem de alguém que está dormindo, ou que está em outra realidade. Também é ligado à Iluminação: o Despertar do Sol, o Despertar da Lua, o Despertar da Terra com toda a natureza que deslumbra nossos olhos.

Quando atingimos o Despertar da alma, é a partir desse ponto, que compreendemos a "missão da alma" e recebemos uma energia especial, uma motivação que nos faz passar do papel de buscadores, para sermos "seguidores" do nosso destino, podendo expressar e colocar na prática, toda a potencialidade dos nossos dons e talentos.

O homem foi se afastando de sua origem sagrada com o decorrer do tempo, foi crescendo tão desordenadamente, que criou novas doenças, aumentou a miséria, a exclusão, o medo, a insegurança, a fome. Diminuiu a saúde, a qualidade de vida. Só satisfaz uma pequena minoria.

A Medicina cresceu, mas cresceram as pestes, as doenças. O mesmo homem que criou toda uma tecnologia para facilitar sua própria vida, hoje não tem tempo para si mesmo, para sua família. Muitos vivem, atualmente, com uma sensação de separação, de isolamento, um sentimento de que deveria existir um sentido maior na vida.

Hoje, no Planeta, a vibração está mais alta do que nunca. As pessoas se preocupam cada vez mais com o autoconhecimento e fazem a si mesmas uma pergunta : "O que eu realmente devo fazer na vida?" Nesta busca, deparam-se com barreiras, seja com relacionamentos, trabalho, saúde, carreira, e etc. Poucas pessoas se consideram felizes e, na verdade, a maioria, infelizmente, é infeliz. Muitos são infelizes e não sabem; aceitam, mascaram, mentem para si próprios.

O maior obstáculo para o Crescimento é a inércia, que cria a insensibilidade, pois priva o indivíduo de novas possibilidades, cria passividade com relação à vida. Cria falta de vitalidade, limita a criatividade e predispõe ao papel de vítima. A Consciência se limita a fugir, a ter medo. A vítima fica sempre vivendo as sombras do passado e com medo do futuro.

Neste livro, Paulo Sérgio Oliveirahh compartilha a sua própria experiência, soma os ensinamentos que encontrou nas suas várias iniciações, e traz onze passos, onze degraus que o Despertaram, e propõe uma visão fora da "matrix".

Essa Nova Consciência inspira para que cultivemos relacionamentos amorosos, desenvolvamos nossa generosidade com o próximo, com o planeta e todas as suas criaturas. Que sejamos mais pacíficos, mais criativos, tenhamos mais compaixão, pratiquemos mais o perdão e agradeçamos mais nossas conquistas. Para uma Nova Era precisamos integrar nossa humanidade com a espiritualidade, aprendermos a viver em equilíbrio com nossos quatro aspectos: o mental, o espiritual, o físico e o emocional. Aprender a viver na compreensão que existe um Coletivo, existe uma Mente Universal e estamos todos interligados.

O "conhecimento" é para todos, mas "Sabedoria" é para alguns. Por isso acho importante a divulgação do conhecimento e aplicação prática dele, pois existe ainda uma minoria que se transforma. É como um garimpo! Entre esses buscadores do conhecimento sempre sai uma pepita de ouro que vai fazer o mundo mais brilhante. Por essas pepitas vale a pena. O coração do verdadeiro iniciado tem que se confortar com isso, pois sempre é a minoria. Por outro lado existe outro fenômeno; algumas pessoas lançam-se a determinadas práticas sem o devido conhecimento e sem as "bênçãos espirituais", ou seja: ação sem conhecimento. O que pode ser problemático.

O Xamanismo, tanto em sua forma mais primitiva quanto na mais moderna, recupera o livre-arbítrio da vida espiritual. São as forças da natureza que se manifestam em experiências espirituais. Cada dimensão da realidade pode ser atingida por todos os que desejam uma experiência direta e se esforçam para atingi-la. Tenho percebido traços, vivências do Xamanismo em outras formas de esoterismo e em práticas terapêuticas diversas. Também em treinamentos empresariais e métodos de autoajuda.

Estamos vivendo a possibilidade de uma "Ressacralização da Consciência" e obtermos mais ferramentas para enfrentar os males da alma humana, integrar o homem à natureza, evitar catástrofes ecológicas, melhorar nossa qualidade de vida e sermos autenticamente felizes.

BOA LEITURA!
LÉO ARTESE
Professor de Xamanismo
www.xamanismo.com.br

PREFÁCIO II

Quão gratificante é observar, constatar as inúmeras possibilidades que se desdobram do ser humano na medida em que ele busca seu despertar.

Ao receber o convite de Paulo para prefaciar seu livro, de pronto me veio a bela canção que ele compôs no IX Congresso Internacional de Transpessoal "Felicidade Autêntica", da Alubrat (Associação Luso Brasileira de Transpessoal), como um marco da trajetória que ele estava percorrendo em direção a sua própria Felicidade Autêntica. Essa música se tornou o refrão cantado com entusiasmo e alegria por mil pessoas presentes nesse evento.

Mas os frutos continuaram em seu processo, em suas distintas atividades profissionais e, com certeza, esta obra é mais uma expressão sagrada de sua trajetória.

Em uma linguagem própria, dialogando com seu leitor, Paulo vai desvelando através de suas jornadas os passos do que ele chama de Despertar.

Consegue em uma feliz síntese, de diferentes conceitos, tradições distintas, nos recordar que existem verdades universais, assim como evidencia a relação sistêmica, contínua em nosso micro e macro cosmos.

Tangenciando o universo das crenças dá os passos iniciais para as etapas do despertar assinalados por ele, estimulando e incentivando com naturalidade a perspectiva desse despertar ao alcance de todo ser humano.

Ao alcance daquele que simplesmente deseja acordar, sair da letargia que enrijece, anestesia os sonhos mais desejados ou as alegrias verdadeiras.

O poder do mergulho interior, a subjetividade do divino como presença transformadora em sua própria vida, evidenciando uma estrada de mão única, repleta de necessidades e desafios a serem transcendidos em direção a si mesmo.

Ao mesmo tempo que traz esperança, a facilidade e clareza do despertar na ótica do que Amma Baghavan, mestres indianos, responsáveis pelo movimento da Bênção da Unidade, propagam.

Insere também conceitos do seu universo de Yoga, Cabala, Espiritismo, Gnose, Rosa-Cruz e outros sistemas de filosofias orientais e Xamanismo, integrados ao seu processo interior.

E o faz de forma leve, inspirado, brincando com letras e palavras como poeta e artista, nos conta aspectos de sua vida e passa sua mensagem.

Torna a leitura agradável e fluida, como se estivéssemos ouvindo uma canção, com um música suave e intensa, permeada de arte, trocadilhos em expansão de conceitos para tocar as emoções, transformar e germinar o desejo e a ação do despertar; através de um novo olhar, com olhares de diferentes lugares promovendo uma nova compreensão do cotidiano.

Consegue assim, por meio desta dança de palavras em músicas, procuras e encontros, revelar seu caminho de libertação e ação desperta. Uma ação livre de tudo que impede a plena expressão do seu ser.

Entrelaçando sua trajetória aos conceitos aprendidos em seus cursos e buscas interiores, mostra o sair da inconsciência de uma unidade, às autodescobertas da dualidade, em direção as experiências de unidade com consciência.

Deixa assim o incentivo a todos do encontro consigo próprio.

Em uma linguagem acessível, agradável, passa a sua mensagem de otimismo, esperança e valorização humana.

Com certeza deixa ao leitor que está em busca de uma revelação maior a simplicidade do viver, do existir com autenticidade e originalidade, transmitindo a mensagem do coração, transmitindo a alegria de viver.

Vera Saldanha
Presidente da Alubrat
(Associação Luso Brasileira de Transpessoal)
Psicologa
Doutora em Psicologia Transpessoal
Autora da Abordagem e Terapia
Integrativa Transpessoal
Professora em Pós-Graduação e palestrante
no Brasil e Exterior
Autora e coautora de livros e publicações na área de
Psicologia Transpessoal

Apresentação

Sou tão apaixonado pelo que faço, tão vislumbradamente amante de meu destino de curador que, confesso, me emociono ao escrever a apresentação desta obra AUTODIDATA... Sinto-me abençoado por comunicar, cantar, palestrar, curar (e neste momento) poder escrever para a evolução humana agraciado em minha inteireza por poder fazer meu aprendizado, experiência e entusiasmo cruzarem o caminho de milhares de pessoas.

Permito-me aqui, neste relato, convidá-los a OUSAR aventurarem-se em uma fantástica viagem ao mundo das possibilidades desconhecidas.

Neste livro, firmo-me em trazer da maneira mais simples e espontânea possível, mostrar e provar que o Despertar da Consciência pode ser acessível a qualquer pessoa, de forma simples e objetiva. Aponto um caminho já trilhado por mim, por alunos e seguidores. Trata-se de um guia prático, um manual para a Felicidade Autêntica, dividido em 11 etapas.

São 11 passos nos quais trago toda a minha experiência acadêmica e vivencial, de campo, de atendimento individual e com grupos que me fizeram perceber o que realmente as pessoas anseiam no tocante à Expansão da Consciência e à Felicidade Maior.

São dicas, *insights* e conclusões retiradas do estudo e prática (indo ALÉM da informação) de: Kabbalah, yoga, Deeksha, meditação, Xamanismo, espiritualidade universalista, psicologia transpessoal, antigas sagradas escrituras, Constelações Familiares e Expansão da Consciência por meio das frequências de sons e da música (*vide* meu livreto-CD: *Konsciência Kantada*) e diversos estudos, mas sempre com a Percepção Maior.

Minha maior inspiração ao escrever este livro foi ter em "mãos" a importante missão de desmistificar o Processo de Despertar, mostrando claramente que é algo acessível a qualquer pessoa, independentemente de credo, religião, nível sociocultural, etc.

Costumo dizer nas minhas palestras que informação que não cura e não transforma de nada serve. A humanidade vem acumulando informações racionais, vem amontoando formações e tópicos de ensinamentos conceituais que não são experienciados. Somos assim acostumados, assim treinados a anotar para guardar a informação de forma intelectual, e não vivencial. Este livro procura trazer muito mais do que informação. Traz um novo olhar para o mundo, para a vida de uma maneira diferente.

"A SERVIÇO DE ALGO MAIOR, meu nome é Paulo Sérgio Oliveirah e VOU FALAR... HAUXX."

Dicionário do Despertar

Abundância – Estado Natural e já estabelecido em TODAS as formas de Vida (apenas os Seres Humanos precisam descobrir...).

Agradecer – Fazer a Graça Divina descer.

Amor – algo Infinito e Indefinível que desafia a Aritmética, pois quanto mais doamos, mais aumenta dentro de nós.

Adeus – É quando o coração que parte deixa a metade com quem fica.

Azar – percepção ilusória e precipitada que nos faz achar um resultado RUIM em algo que não acabou e ainda está a Caminho do BOM e da PERFEIÇÃO.

Apatia – Ausência completa de Gratidão.

Amor ao próximo – É quando o estranho passa a ser o amigo que ainda não abraçamos.

Caridade – É quando a gente está com fome, só tem uma bolacha e reparte.

Carinho – É quando a gente não encontra nenhuma palavra para expressar o que sente e fala com as mãos, colocando o afago em cada dedo.

Ciúme – É quando o coração fica apertado porque não confia em si mesmo.

Cordialidade – É quando amamos muito uma pessoa e tratamos todo mundo da maneira que a tratamos.

Doutrinação – É quando a gente conversa com o Espírito colocando o coração em cada palavra.

Entusiasmo – É quando Deus (que tem a "cópia da chave") vem fazer uma visita e preenche nosso Coração com sua Presença.

Ego – um soldado que está "em nós" para Realizar. Mas quando permitimos ele fazer política e ganhar patentes até se tornar General...Ocorre um Desastre.

Entendimento – É quando um velhinho caminha devagar na nossa frente e a gente, estando apressado, não reclama.

Evolução – É quando a gente está lá na frente e sente vontade de buscar quem ficou para trás.

Fé – É quando a gente diz que vai escalar um Everest e o coração já o considera feito.

Filhos – É quando Deus entrega uma joia em nossa mão e recomenda cuidá-la.

Fofoca – Quando Fracos comunicam-se Desesperadamente com a expectativa de conseguir sair de seu Lamentável Estado de Vazio e Escassez.

Fome – É quando o estômago manda um pedido para a boca e ela silencia.

Inimizade – É quando a gente empurra a linha do afeto para bem distante.

Inveja – *Invadia* (latim) não ver a própria Luz... É quando a gente ainda não descobriu que não precisa ser mais e melhor...

Lágrima – É quando o coração pede aos olhos que falem por ele.

Lealdade – É quando a gente prefere morrer que trair a quem ama.

Mágoa – É um espinho que a gente coloca no coração e se esquece de retirar.

Maldade – É quando arrancamos as asas do anjo que deveríamos ser.

Morte – Quer dizer viagem, transferência ou qualquer coisa com cheiro de eternidade.

Netos – É quando Deus tem pena dos avós e manda anjos para alegrá-los.

Ódio – É quando plantamos trigo o ano todo e, estando os pendões maduros, a gente queima tudo em um dia.

Orgulho – É quando a gente é uma formiga e quer convencer os outros de que é um elefante.

Outro – Palavra Inexistente e inútil para quem conhece a Unidade.

Paciência – Intervalo entre a Semente e a Flor.

Paz – É o prêmio de quem cumpre honestamente o dever.

Perdão – É uma alegria que a gente se dá e que pensava que jamais a teria.

Perfume – É quando, mesmo de olhos fechados, a gente reconhece quem nos faz feliz.

Pessimismo – É quando a gente perde a capacidade de ver em cores.

Preguiça – É quando entra vírus na coragem e ela adoece.

Raiva – É quando colocamos uma muralha no caminho da paz.

Saudade – É estando longe sentir vontade de voar e, estando perto, querer parar o tempo.

Sexo – É quando a gente ama tanto que tem vontade de morar dentro do outro.

Simplicidade – É o comportamento de quem começa a ser sábio.

Sinceridade – É quando nos expressamos como se o outro estivesse do outro lado do espelho.

Solidão – É quando estamos cercados por pessoas, mas o coração não vê ninguém por perto.

Supérfluo – É quando a nossa sede precisa de um gole de água e a gente pede um rio inteiro.

Ternura – É quando alguém nos olha e os olhos brilham como duas estrelas.

Tristeza – sentimento provocado pela falsa percepção da perda ou Ausência de Algo ou Alguém (que pensamos ser) "nosso".

Vaidade – É quando a gente abdica da nossa Essência por outra, geralmente pior.

Verdade – aquilo que é percebido pela Alma e expressado pelo Coração.

Unidade – estar em um estado de percepção tão distante da Separação e Separatista de a ponto de achar DESNECESSÁRIO definir Unidade.

A Serviço de Algo Maior, meu nome é Paulo Sérgio Oliveirah... Assim falei... HAUXX

Introdução

Imaginemos um médico do século XVII entrando hoje em uma sala de cirurgia. Ele não saberia o que fazer, tamanha a modernização das ferramentas e equipamentos que o deixariam completamente perdido. Pois bem...

Se um professor dessa mesma época entrasse em uma sala de aula hoje, ele conseguiria sem esforços prosseguir em sua aula, pois nada mudou.

Sob a certeza de que "ter informação é *status*" pelo memorizar, pelo anotar, para que nossa caixa (memória) guarde a informação, fomos formatados, isto é, colocados em uma forma. E assim tem sido.

O experienciar, a parte mais importante do aprendizado, a nós não foi incentivado e isso fez com que desenvolvêssemos no decorrer de nossa formação somente a parte intelectual e racional... As esferas emocional e, principalmente, consciencial foram deixadas de lado, e essa é uma parte muito importante para a Percepção do Todo.

Sob a ótica do Despertar, não existe a separação de emocional, espiritual e consciencial, nós somos um Todo, tudo é experiência, e pela experiência é que vem a maior parte do aprendizado.

A Sabedoria não vem pela informação. Ela vem pela experiência ampliada. Esta, talvez, seja a primeira questão a ser alinhada neste livro no tocante ao Processo do Despertar.

Vivenciamos um momento que os indianos chamam de "Era Dourada", também chamada de "Era de Kalki" (o cavalo da Libertação) em algumas regiões da Índia.

Sob a ótica do Xamanismo, o arquétipo do cavalo significa o Poder. O Poder de perceber-se integrado a tudo e ao Todo. Um Poder além do tempo e das percepções visíveis. A humanidade ansiou muito por essa era que é descrita pela maioria das religiões e filosofias.

Estou falando do Poder da Libertação (Mokshanama), que é consequência do Despertar da Consciência. Um poder experienciado, até pouco tempo atrás, apenas pelos iluminados e avatares e por um número pequeno de pessoas. Despertar não é iluminar, mas o caminho para a Iluminação. Um caminho acessível, nesse momento, como nunca antes na história da humanidade.

O ser humano, ainda hoje, não consegue perceber, nem foi ensinado a ele que pode se libertar das crenças e dos condicionamentos; acha que Deus está fora dele, que o Poder está fora dele, acha que todo aprendizado depende da informação, quando na verdade há muita Sabedoria a ser liberada dentro de nós.

No decorrer desses 11 PASSOS PARA O DESPERTAR, vamos passar por cada uma dessas etapas experienciais do eixo evolutivo, que assim chamaremos "Processo do Despertar".

O que é Despertar?

Ao contrário das associações que fazemos com o Processo de Iluminação, posso dizer com certeza: quem galgou o nível da Iluminação teve de passar pela jornada do Despertar, mas um desperto ainda não é um iluminado (tenho certeza de que essa informação vem como um grande alívio aos leitores desta obra, bem como os livra do estigma da utopia que esses termos provocam). Portanto, ninguém precisa que algo inacreditável aconteça para Despertar!!!

Sempre em minhas palestras, dinâmicas e vivências, solicito às pessoas refletirem sobre o universo engessado de conceitos: sabemos o que é Deus realmente? Ou compramos um conceito a nós impregnado pela religião, pelos espiritualistas, devotos, etc.? No conceito de felicidade isso também não ocorre? Sabemos realmente o que é felicidade? Impressionantemente, para muitos, felicidade é nunca sentir dor. Saúde é não estar doente, paz é ausência de conflitos, abundância é excesso de recursos e muitos outros conceitos completamente limitados, limitantes e limitadores.

Felicidade Autêntica – reflitamos: não dependo de um evento para ser feliz, não dependo daquele dinheiro para ser feliz, não dependo de um relacionamento ou da aceitação de uma pessoa ou de um grupo para ser feliz. Na verdade, não dependo de nada, e quando descubro que tal dependência é pura Ilusão, percebo a Libertação.

Quantas vezes limitamos nossa felicidade verdadeira atrás de ilusões como essa do exemplo anterior? Poderíamos trazer mais exemplos, mas o simples exercício de questionar o condicionamento (de achar que a felicidade está atrelada a algo), já é uma ascensão à Frequência Maior.

Quando reconhecemos que a racionalidade trouxe definições, e que estas limitaram a Expansão da experiência, passamos a caminhar por uma esfera mais livre e expandida. E realmente abrimos espaço para o verdadeiramente novo.

Despertar é olhar com outros olhos, é ouvir com outros ouvidos talvez as mesmas informações, talvez os mesmos acontecimentos. Muitas vezes as pessoas nos falam uma mesma coisa várias vezes, porém não escutamos e, de repente, um dia vem aquele *insight* e nos perguntamos:

Por que eu não percebi isso que escutei antes tantas vezes?

A resposta é simples. Uma nova percepção foi trazida à tona junto com uma nova interpretação de um evento que, em si, não é novo.

Nós não vamos mudar o sistema, não vamos mudar as pessoas, não vamos mudar os fatos e os eventos. O que deve ser feito para que a real Transformação aconteça é mudar nossa percepção sobre quaisquer acontecimentos, fatos, conceitos, constatações, etc. Contudo, o mais impressionante e interessante é que, ao mudarmos a Percepção, desencadeamos uma série de "comandos sincrônicos" às situações que alteram o resultado!!! Isto é, mudando a percepção, alteramos a nós mesmos e nossas frequências, consequentemente as frequências das pessoas e eventos envolvidos conosco ou com o evento e, milagrosamente, alteramos os resultados...

Ao final dos 11 passos você entenderá essa dinâmica... Ela é simples, é basicamente o entendimento consciencial de que tudo é sistêmico e interligado.

Quando trazemos uma nova percepção à tona, manifesta-se em nós (inclusive neurobiologicamente) uma nova sequência de frequências. Com o nível de frequência elevado – e nos dando conta disso, uma sequência de acontecimentos sincrônicos passa a desencadear inesperadamente resultados além de nossas expectativas.

Nessa Percepção Maior, nesse encontro com a Conexão Maior, com a força mais poderosa que nos habita, é que começa o Processo do Despertar.

Surge um novo olhar sobre a maneira como estamos vivendo e como fomos educados a viver.

Você sabe de onde vem a palavra "caixola"? Caixola vem de caixa, pois é: formataram-nos como uma caixa, fizeram-nos até viver em "caixas" e nos deslocamos de uma "caixa" para outra em uma "caixa sobre rodas" (por que será que casas, apartamentos, automóveis e muitas outras coisas são quadradas?).

Interessante isso tudo!

Por que os índios xamãs, a Astronomia e a Astrologia falam tanto da roda, falam tanto do círculo?

Porque o fluir é circular, não é quadrado. Nosso aprendizado está contra a tendência da natureza. Circular é fluir infinitamente. Jung estudou a importância desse fluir circular por meio das mandalas, representantes simbólicos da totalidade.

O fluir da frequência da informação é redondo, porém fomos condicionados a receber todas essas informações de maneira "quadrada" e formatá-las dentro de nós. Esse é apenas um dos exemplos dos condicionamentos que a Humanidade sofreu no decorrer da evolução do saber.

Nessa jornada, trilharemos juntos novas percepções e um novo olhar sobre a vida e a Expansão da Consciência, e triunfaremos juntos, só que com a visão de "vitória e triunfo sob a ótica do Despertar", saindo do pensamento linear de "muito esforço para se chegar a um (pseudo) topo". Nessa nova percepção, o esforço pode ser substituído por prazer e o "topo" pode ser um resultado que poderá vir até antes do esforço.

Eu sei, ainda é difícil, antes de Despertar, por enquanto parece ser difícil se libertar (MOKSHANAMA) da sequência lógica dos fatos (pensamento linear) e do tempo. Entretanto, veremos mais adiante que isso é inteiramente possível.

A primeira Libertação é a do universo dos conceitos.

Pergunte-se: será que os conceitos que tenho definem exata e precisamente aquilo que observo ou que me vem à Mente?

O que é Deus para você? O que é milagre para você? O que é misericórdia? O que é felicidade para você? O que é abundância? O que é espiritualidade? O que é Consciência? O que é amor? Seja qual for a resposta para esses questionamentos, percebamos já que tais respostas são infinitamente limitadas mediante a grandeza de conteúdo dessas palavras. Há que se transcender esses conceitos aqui citados e TODOS os rótulos que trazemos para cada experiência vivenciada.

O Despertar é um Processo de Expansão. É "sair da caixa", é desconstruir, é esvaziar para libertar, para aí sim conseguir perceber a infinitude de tudo e do Todo.

Despertar é desidentificar-se dos problemas.

O Processo de Despertar é uma observação e constatação de que todo sofrimento é oriundo da falsa ideia da Separatividade com o Todo. Portanto, o que nos incomoda não são os problemas e sim a maneira como lidamos com eles. Quando eu questiono conscientemente o condicionamento que trago em mim, sobre lidar com situações adversas, estou automaticamente me desidentificando, isto é, estou caminhando para a Percepção de Unidade, o polo oposto da Separatividade.

Despertar é perceber o Todo.

Quando nascemos, chegamos ao mundo por causa da interação com nossa mãe em estado de Unidade. No decorrer do Crescimento somos educados de maneira a experienciar a individualidade. Isso faz com que desenvolvamos a noção do: "meu", "eu", "estou", "tenho", "sou".

E, ainda, ensinaram-nos que Deus, Algo Maior, e até nossa fé são coisas separadas, fora da gente. A partir daí, começamos a perceber tudo ao nosso redor, separado, fragmentado.

Um dos objetivos deste livro é fazer com que todos nós percebamos a interação da Unidade.

Despertar é um processo interior.

Muita gente peregrina faz viagens longas a Meca, a Santiago de Compostela ou à Índia, para cumprir obrigações religiosas ou em busca de ensinamentos espirituais, fontes de Sabedoria e inspiração originais. Mas o Processo de Despertar é uma ação de mergulho interior. É preciso reconhecer suas carências, conhecer seu Poder Ancestral, reconhecer que há uma Divindade que habita dentro de nós.

Despertar é o processo, de forma autêntica e espontânea, de ser quem você é.

É poder experimentar a integridade interior... E poder experimentar a conexão com a Divindade pessoal e seu poder, a conexão com a Força Ancestral e com o planeta, a percepção de que a espiritualidade está dentro e não fora...

Essa prática começa como um esvaziamento das crenças, expandindo um outro campo do cérebro que não opera com conceitos racionais.

História Pessoal

Minhas perdas e minha superação

O ano era 2008. Eu era um empresário e professor de Yoga e Meditação. Estava casado e terminava a pós-graduação em Psicologia Transpessoal. Vivia uma vida "normal", mais que isso, uma vida normótica, em que eu me sentia autocobrado a ser um bom marido, provedor do lar, pagar contas, almoçar com os sogros nos finais de semana e mostrar para todo mundo que eu tinha um casamento perfeito. Mas já percebia ali que aquele estilo de vida não me fazia feliz. As finanças iam bem, porém eu e minha (segunda) esposa, com quem vivi uma bonita história de amor, não nos entendíamos.

Chegava em casa com a cabeça cheia de questionamentos a respeito da existência e tentava conversar com minha esposa, contar a ela tudo pelo que eu estava passando. Mas minha companheira não entendia (nem poderia... entendi mais tarde...) o que estava acontecendo comigo.

Eu não conseguia mais atender a todas aquelas demandas. Comecei a perder peso, cheguei a perder 23 quilos. Na época, havia alugado uma nova sede para minha empresa. Essa casa recém-alugada estava completamente vazia e, como eu estava me sentindo pressionado e infeliz no casamento, resolvi passar alguns dias lá sozinho, pensando, refletindo. Nunca mais retornei.

Nessa casa, passei por processos muito intensos. Vivi um processo que a Psicologia Transpessoal chama de colapso de ego, que é um esvaziamento dos apegos, uma quebra da percepção de que você pertence a este mundo. Eu me sentia completamente fragmentado. Foi um processo abrupto, avassalador.

As ideias que eu tinha, juízos e valores simplesmente ruíram!!!

Eu ia à casa de amigos, mas não conseguia me divertir em lugar nenhum. Em reuniões de família ou de amigos eu era um ET, não comia, e se bebesse sequer um gole de cerveja, ficava pior, me sentia mal. Tinha muito medo de morrer, de ficar louco, de perder os sentidos e a percepção...

Tomei florais, fitoterápicos, mudei a alimentação, pratiquei muita Yoga e Meditação. Mas uma sensação ruim, um buraco se abriu em meu peito, senti todos os sintomas que diz sentir uma pessoa que tem síndrome do pânico, uma verdadeira sensação de morte.

O processo foi se intensificando, com experiências extrafísicas constantes e mais intensas. Parecia haver, constantemente, uma verdadeira multidão em minha casa. Fiquei muito sensível. Quando eu saía de casa, podia ouvir o que as pessoas falavam do outro lado da rua.

Não conseguia mais trabalhar, sair, nem me relacionar socialmente.

Não conseguia manter meus compromissos, não conseguia dar as aulas de Meditação, frequentar os cursos de Kabbalah nem frequentar os trabalhos de Xamanismo, dos quais eu gostava tanto. Também não conseguia mais atender os pacientes. Não estava dando conta de administrar a empresa, então conversei com as pessoas que trabalhavam comigo, pedi um tempo a eles e aos nossos clientes para tentar me reestruturar e logo depois resolvi fechar a empresa. Foi um processo muito doloroso, assistia às minhas finanças, assim como à minha vida, ruindo dia após dia.

Passei 11 noites consecutivas sem pregar o olho. Tentava dormir e não conseguia, pois apareciam visões e audições. Perdi a noção do espaço e do tempo. Quando tentava sair, todos os lugares que frequentava me pareciam imensos. Eu me sentia minúsculo, sufocado e perdido!!!

Eu não falava com ninguém, nada me alegrava, não sentia forças para me movimentar fisicamente nem para tomar decisões...

Em uma crise como essa é quase impossível acreditar que você vai sobreviver. Os CONCEITOS vão ruindo de uma forma que você não tem mais a que se apegar. Eu sonhava e pensava em morte.

O único pensamento que me mantinha "vivo" e que ainda não havia "desmoronado" era minha filha. Ainda assim, fiquei um mês sem visitá-la, porque eu estava muito mal, minha aparência física era péssima. Ela ficava muito assustada ao me ver (estava muito magro, olhar entristecido e com olheiras).

Tenho certeza de que, se eu fosse ao médico, psicólogo ou psiquiatra, teria tido diagnósticos de esquizofrenia, depressão, bipolaridade ou uma "síndrome" qualquer e teria sido medicado. Eu poderia ter ido nessa direção, mas isso tinha significado de fuga para mim, pois nesse momento sentia que algo mais profundo estava acontecendo comigo.

Eu, no âmago da alma, sabia que "algo diferente" estava acontecendo e necessitava saber o que era aquilo e onde me levaria... Questionamentos não faltavam: "se eu morresse naquele momento", se eu fizesse a passagem, "que sentido teria tido minha vida?". Eu precisava mergulhar nisso, portanto resolvi que me aprofundaria nesse processo por mais que doesse... E fui, me permiti... não consigo descrever racionalmente onde arrumei forças...

Eu, de certa forma, consegui me entregar e aprendi a tirar mensagens dos processos, no meio das crises eu dialogava com as energias, pedia esclarecimentos, clamava por Sabedoria para sair desta história melhor do que entrei... tirando algum proveito evolutivo... Implorei por ajuda...

Pois bem, no momento exato, as pessoas certas apareceram para me ajudar, além dos mentores extrafísicos que me aconselharam. Meus professores, meu terapeuta, os amigos índios e pessoas que eu nem conhecia e nunca ouvira falar foram surpreendentemente aparecendo para me ajudar.

Uma xamãzinha, amiga de amigos, apareceu em casa, "pedindo permissão" para cuidar de mim... Meus professores da pós-graduação e outros terapeutas estiveram comigo... Correntes de Cura foram feitas para mim, etc.

Um grande pajé amigo meu "aplicava" rapé indígena para que eu pudesse dormir e sonhar. Quando acordava, pedia que eu contasse meus sonhos a ele. Comecei a sonhar com tambores, com rituais e histórias indígenas. Foram visões muito impressionantes. Voos, projeções astrais, acesso a mundos desconhecidos, sensações e visões diferentes.

Passei pelas maiores epifanias de minha vida. Frequentava, fora do corpo, sessões de Cura e rituais de purificação com tambores e com povos nativos ancestrais (constantemente), bem como aulas em "escolas" de outros mundos. Alguns rústicos como aldeias indígenas, outros "espaciais" rodeados de equipamentos de alta tecnologia e outros angelicais, puros, com cachoeiras e águas termais coloridas onde seres com aparência de anjo cuidavam de mim.

Lembro-me de um "sonho" no qual eu estava em uma mesa de cirurgia tendo meu cérebro operado e eram instaladas "células vivas" na região da medula óssea... (cheguei a sentir, no dia seguinte, todos os sintomas físicos de uma recuperação de cirurgia!).

E foram centenas de histórias nessa "experiência paralela" de vida que me trouxeram a intensa sensação de ter vivido uma outra vida dentro de minha própria.

A ÚNICA CERTEZA: nunca mais voltei a ser a mesma pessoa. Muito de mim, que me "atrapalhava", não trago mais comigo. Hoje tenho valores completamente diferentes daqueles que tinha, nas questões materiais e financeiras, nos relacionamentos profissionais e amorosos, na minha relação com as mulheres e minhas ex-mulheres, com minha filha, na minha forma de ver a vida e o mundo. Hoje tenho clareza de que percebo a vida de uma forma que eu jamais imaginaria experienciar, mais ampla, integrada e compassível.

Ficou nítido para mim que tudo o que acontece conosco está a serviço de Algo Maior. Não é que eu tenha passado só a perceber melhor, passei a SER MELHOR. Esse processo me trouxe a Sabedoria de tudo aquilo que já tinha vivido e estudado. Eu não tinha Sabedoria, apesar de ter muitas informações, muito conhecimento. Entendo hoje que isso é algo insuficiente, está muito aquém da Sabedoria. Eu já tinha passado por várias formações de espiritualismo, yoga e meditação, tinha estudado a Kabbalah e o Xamanismo. Mas depois dessa história, todo esse estudo se processou de maneira completamente diferente. Como se outra parte de meu cérebro até então desconhecida fosse ativada (e hoje sei que foi exatamente o que aconteceu).

Nesse período, tive uma (das inúmeras) experiência extrafísica em uma prática de meditação durante uma aula de yoga, com a sala repleta de alunos. Eu vi uma mulher vindo até mim, para banhar-me com uma bola de luz de suas mãos, no alto de minha cabeça. Naquele dia, TODOS da sala ficaram, por quase duas horas, contemplando aquilo, sem sequer se mexerem!

Foi dessa forma, extrafísica, que eu conheci essa energia milagrosa denominada Deeksha. E, a partir daí, percebi que essa CRISE, esse COLAPSO, foi o grande gatilho de um processo impressionantemente intenso, que já estava acontecendo comigo.

Foi uma chacoalhada fabulosa para que eu despertasse para essa nova Consciência.

Tudo em minha vida passou a ter novo sentido. O que era "separado se uniu", e esse passou a ser meu LEMA e o de meu trabalho!

Todo o meu conhecimento, meus talentos e aptidões passaram a servir a uma única causa, a serviço de ALGO MAIOR e, de forma impressionante, milagrosa e mágica, TUDO PASSOU A CAMINHAR, com a máxima certeza de que, ouvindo os chamados e orientações, eu trilharia uma missão de Expansão e Cura, mas não só minha...

Xamanismo

Teoricamente, conheci o Xamanismo em 1999, o estudo, os índios e suas medicinas. Mas posso dizer com toda veemência que foi após esse Processo de Transformação que experienciei a verdade das curas que me proporcionou essa ciência do ser. Foi a partir de 2008 que surgiram minhas conhecidas rodas de Cura em várias regiões de São Paulo. Foi daí que me firmei e pude apostar no poder dessa medicina da alma que hoje permeia TODOS os meus trabalhos e me respalda como curador.

Psicologia Transpessoal

Desta extraí os conhecimentos do mundo fenomenológico para trazer embasamento científico a meu discurso como comunicador e respaldo a todas as minhas dinâmicas.

Movimento Toque do Despertar

Há anos, venho desenvolvendo dinâmicas e ensinamentos sobre a Frequência Maior e o DESPERTAR da Consciência em minhas palestras, cursos e programas de rádio e TV/web, bem como, de maneira mais sucinta, venho trazendo e divulgando esses mesmos ensinamentos em meus programas de rádio e TV/web: PAULO SÉRGIO OLIVEIRAHH – EM FREQUÊNCIA MAIOR.

Após passar 49 dias na Índia estudando a ciência da energia Deeksha e a Percepção da Unidade, logo que retornei ao Brasil, notei na prática que não havia sentido algum em facilitar rodas de Cura xamânicas, sessões de meditação e Deeksha e outros trabalhos transpessoais.

Criei um movimento de Unidade, mais tarde um trabalho único, brasileiro e independente, com foco no entendimento da Unidade denominado TOQUE DO

DESPERTAR, com centenas de adeptos, no qual passamos a reunir grupos, em várias localidades, para praticarmos meditação, Deeksha, Cura Ancestral, Kabbalah, Xamanismo, a música de elevação e a prática da visão sistêmica, iniciando interessados a trilhar e desenvolver a Dinâmica do Despertar e a doar o Deeksha.

Constelações Xamânicas

No ano de 2015, após profunda pesquisa e aprimoramento no estudo das constelações sistêmicas familiares, decidi carregar a bandeira das Constelações Familiares Xamânicas (já que a visão de Unidade me possibilitou entender que TODA Constelação É XAMÂNICA e que o Xamanismo É SISTÊMICO) e firmá-la no Brasil... uma formação de facilitadores em Constelações Familiares Xamânicas. Nesse estudo, buscamos as raízes da constelação (onde entram os cantos, tambores, maracas, etc. e até permite-se o movimento espiritual dentro da Constelação).

Qual outra definição eu poderia trazer, quando me perguntam: "De que tratam as reuniões e vivências", que não fosse: UNIDADE??? Uma vez que pude responder, de prontidão, quando indagado em uma entrevista, o que este processo e jornada me trouxeram de mais precioso:

"O PODER DE SÍNTESE da Unidade, vivência clara de que nada está separado de maneira vivencial (além da informação)"; e é esse empoderamento que me dá moral e clareza para escrever esta obra.

Trago neste compêndio TODOS os aprendizados de minha história de vida, bem como tudo que aprendi no estudo, na prática e na experimentação. Eu, Paulo Sérgio Oliveirah, NÃO MISTURO meus estudos de YOGA, ESCRITURAS SAGRADAS, KABBALAH, ESPIRITISMO, GNOSE, ORDEM ROSA-CRUZ, UMBANDA, XAMANISMO, DEEKSHA, TAOISMO, METAFÍSICA, PSICOLOGIA, CONSTELAÇÕES SISTÊMICAS E FILOSOFIA, afinal só se mistura o que está separado. As pessoas é que separam (você verá mais adiante que isso ocorre pela necessidade, que foi imputada no inconsciente coletivo, de CONCEITUAR, DEFINIR E ROTULAR tudo). Em Unidade não se mistura nada, as pessoas aí fora é que equivocadamente (em virtude das formas separatistas a que foram submetidas) separam.

Este livro prega a necessidade de se perceber a UNIDADE e, para isso, é importante perceber que: NADA ESTÁ SEPARADO.

Frequência Maior

O que é essa Frequência Maior?

Usarei a denominação Frequência Maior para definir o CAMINHO OU MEIO para o Processo do Despertar (QUE É O RESULTADO).

Novamente vamos desmistificar esse conceito, pois, como dito anteriormente, tudo é conceito. Uma das grandes sacadas do Processo do Despertar é percebermos que tivemos um aprendizado de definições e passamos a perceber a vida e agir nessa "automação racional" e reativa.

Nessa Frequência Maior, encontramos um estado de Libertação de condicionamentos que nos foram imputados.

Por exemplo, o que é o azar na percepção da Frequência Maior? É o vibrar em uma sintonia que atrai, como resultado, situações desagradáveis. Portanto, há na Frequência Maior a certeza de que azar é algo ilusório, pois o azar é apenas um "caminho" rumo à sorte.

Se aprendo a vibrar nessa Frequência Maior, e a expandi-la, começo a atrair as situações de sintonia superior. Porém, o mais interessante nesse processo da Frequência Maior é aprender COMO processar essa sintonia elevada.

Autossabotagens, trazendo questões do inconsciente coletivo, crenças ancestrais, etc., são situações de que precisamos tomar Consciência para não repetir padrões negativos.

Inicialmente, ao frequentar este lugar de Frequência Maior, você ainda irá sofrer: com seu chefe, com o trânsito, com as expectativas frustradas, etc. Isso é normal e natural (eu prefiro usar essa palavra: "natural").

Mas haverá um componente novo aí: a diferença de você ficar gradativamente menos IDENTIFICADO com a situação vivenciada. Aos poucos, você reagirá menos diretamente ao acontecimento. Passará simplesmente a PROCESSAR a situação e mais tarde chegará a TRANSMUTAR o fato, TOMAR CONSCIÊNCIA do evento (pela visão do observador), e isso fará total diferença, pois aí já não predomina a automação.

Esse é o "pulo do gato"!!!!... É a chave que vira todas as portas para a história maior. Percebermos OUTRA jornada de vida dentro desta mesma vida; que não estamos aqui apenas para reagir aos estímulos que o sistema nos coloca, e sim, para o prazer da existência com Consciência e Felicidade Autêntica (SatChitAnanda).

Podemos ir muito além de tudo isso, nós fomos projetados para Algo Maior e agora vivemos uma era em que isso é permitido. Vivemos um momento muito especial da humanidade, o momento em que podemos observar tudo, absolutamente o Todo, com o "quebra-cabeça" montado, ao passo que sofríamos anteriormente por não entender aquele imenso número de "peças isoladas".

Entrando nesse estado do Despertar, entramos em um lugar onde enxergamos a INFINITUDE do TODO. Nesse momento passamos a compreender e, com isso, reagir, comparar, julgar e reclamar bem menos, pois quando entramos nessa nova percepção, passamos a vibrar na mesma frequência do Despertar.

Adentrando nesse processo de Frequência Maior, passamos automaticamente por alterações neurobiológicas (nosso cérebro sofre mudanças e entramos em estados diferenciados de Expansão), nos quais magicamente aparece para nós o que realmente importa. Emerge uma profunda sensação de gratidão pelo que se experiencia e pelo que se tem.

Costumo falar em meus programas e em minhas palestras que "agradecer é fazer a graça Divina descer", é conversar com a graça divina.

Quando estreitamos um diálogo com Algo Maior (Deus, Poder, Consciência Maior), abrimos uma frequência diferenciada de percepção, a ponto de notar o quão abundantes são nossas possibilidades na vida. E que não estamos aqui apenas para reagir às dificuldades e às questões que nos incomodam. Aqui viemos e cá estamos para desfrutar de algo muito Maior.

Passaremos a outros níveis de percepção ao experienciar a quebra de crenças e paradigmas e romper com o pensamento linear.

Por exemplo: ESFORÇO e RECOMPENSA.

Não há nada errado (racionalmente falando) com o aprendizado que conhecemos desde pequenos: "Após o esforço vem a recompensa".

Porém, essa é apenas uma das facetas desse condicionamento: por que nunca questionamos a razão de a recompensa não poder chegar durante ou até antes do esforço???

Sim, isso é possível, na Percepção do Despertar o tempo NÃO existe!!! (Aliás, o tempo foi inventado pelo homem. A dimensão de tempo do universo e da natureza é completamente diferente do que temos como tempo). Mas não vou aqui complicar a narrativa. Muito pelo contrário, trarei aqui sempre a simplificação das percepções, tornando o assunto mais acessível.

Voltando à questão do esforço e recompensa, seria interessante perceber que muitas vezes, quando realizamos uma tarefa, obtemos tanto, tanto prazer e plenitude com esse feito que JÁ, NAQUELE MOMENTO, NOS SENTIMOS COMPLETAMENTE RECOMPENSADOS...

Entenderam esse pequeno exemplo?

Ele já quebra muitas estruturas rígidas racionais do inconsciente coletivo e nos leva ainda mais adiante. Vamos passear por essa Expansão.

Oras, se posso conseguir a recompensa até mesmo antes do esforço, talvez o esforço NEM EXISTA!!!

Ou ainda: se é assim, devo descobrir algo que me preencha de tanto prazer ao executar que, em meu íntimo, nunca mais irei querer parar de fazê-lo!!! Então, para que me aposentar??? Sim, para que aposentadoria?

Despertar é ir além do "pensamento linear" (Normótico), imposto por um sistema controlador e repressor, no qual não caberia em seu planejamento um mundo habitado por pessoas plenas, saudáveis, felizes, realizadas e, principalmente, livres e autossuficientes...!!!

Eu, por exemplo, costumo dizer que jamais irei me aposentar, porque, de uma forma ou de outra, estarei fazendo o que amo. E confesso aqui que temo incomodar esse poder com minhas pérolas que "arrebentam grilhões", pois todos sabemos que quem ousou ir além do pensamento linear coletivo pagou alto preço.

Quantos outros condicionamentos que recebemos desde a infância não foram questionados, nem por nós nem pelas pessoas que consideramos "inteligentes"???

Este livro REALmente vai evocar em você, leitor, uma mobilizAÇÃO, provocando um novo "aconteSER"...

Neste livro vamos aprender a passagem para essa Frequência Maior. Ela é a colheita de experiências vivenciadas por centenas de pessoas que alcançaram uma nova forma de viver e perceber a vida. E puderam traçar para si e para os que os cercam um atalho quântico para a felicidade verdadeira, vivenciando nesse novo caminho a Plenitude nunca antes experienciada.

A vivência e a experiência que trago para este livro *11 (Onze) Passos para o Despertar*, já passaram por vários estados do Brasil e do mundo com pessoas de todas as idades e sempre com o *feedback* de uma Transformação, um novo experienciar da vida. Se você chegou até aqui, já deu o passo mais importante para os 11 (ONZE)PASSOS PARA O DESPERTAR, um trabalho de grande repercussão, que agora passo para você, compilado nesta obra para que, na conveniência de seu tempo, seja mais que lido e relido, seja experienciado e executado.

Antes de entrarmos nos 11 passos, seria interessante você questionar: onde quer chegar e o que quer para você, pois começamos a marchar em uma jornada sem retorno, de completo esvaziamento e transformação. Você será gradualmente desconectado da "ciranda normótica" tão impregnada em nossa sociedade, após o conhecimento dessa prática da Frequência Maior.

Se digitarmos no Google a palavra NORMOSE, ficaremos muito surpresos com as definições: "Normose, a doença que mata ou a doença que leva à depressão, etc.".

Para entendermos melhor, normose é a necessidade que foi criada por um coletivo de ser aceito e de agradar, que pode trazer consequências graves para nossa vida. Um exemplo clássico de normose: um casal jovem, recém-formado em suas respectivas faculdades (e consequentemente ainda sem uma remuneração suficiente), se casa: ela vem de uma família de classe média, e ele também. Os dois, para agradar aos amigos, bem como a seus parentes, escolhem morar em um bairro sofisticado de São Paulo (de classe média alta). Endividam-se, entrando em um financiamento de mais de 300 meses para pagar.

Você achou essa história normal?

Tenho certeza de que muitas pessoas dirão que sim, pois não há nada de errado em fazer um sacrifício para começar a vida em casal, para possuir sua casa própria.

Pois é, aí é que mora o perigo: achamos muitas coisas, assim, "NORMAIS", bem como, a partir de um dia que com certeza não recordaremos, começamos a achar "NORMAL" um monte de acontecimentos e eventos (mortes por assalto, mortes no trânsito, milhares de mortes por fome, pessoas morando na rua, corrupção, incitação à violência, às drogas e à sexualidade exacerbada, etc.).

Voltando ao exemplo do jovem casal, seria necessário esse sacrifício para agradar às expectativas de parentes e amigos?

Muitos dirão que sim, e também não há nada errado nisso, pois assim foi aprendido!!! Prevalece ainda no inconsciente coletivo a máxima: "Nada se consegue sem sacrifício".

E é desse lugar, da percepção dessa prisão à qual a Humanidade vem padecendo, que começa o Processo do Despertar. Isso é o início de um processo que denominamos MOKSHA-NAMA, a Libertação, para onde o Despertar leva.

Despertar é "sair do automático", começar a perceber quantas situações de sofrimento buscamos até hoje sem uma percepção consciente. É com a ativação dessa Consciência Maior que passamos realmente a ser donos de nossa jornada e de nosso destino.

Quando falo de Libertação em minhas palestras ou programas, gosto de cantar a música de Renato Teixeira que fala em seu refrão:

"E lá vou eu no mundo afora montado em meu próprio dorso..."

Isto é MOKSHA-NAMA, isso é liberdade; muito mais, ISSO É LIBERTAÇÃO.

Processo do Despertar

Já foi citada no início desta obra a limitação que o universo da conceituação tem proporcionado à humanidade em seu processo evolutivo. Todos imaginam o Despertar de forma conceitual. Quando se fala em Despertar da Consciência, remete-se a utopias: a Iluminação Espiritual, o desapego completo dos bens materiais, vida celibatária ou santificada, etc.

Recorrendo mais uma vez ao Google, ao pesquisar a palavra Despertar temos como resultado: sair do estado de sono, sair do estado de torpor, sair da inércia, sair da distração, (principalmente) sair da ignorância e ACORDAR.

Ora, ACORDAR é "A COR DAR", ou dar COR à vida. Sentir o prazer das cores da vida. Usufruir o Maior dom com que o Criador nos presenteou.

Ter uma nova percepção, ampliar o olhar e ir além dos conceitos. Perceber como a vida é um "aconteSER".

Despertar é ampliar nossa percepção para enxergar que nós não estamos neste mundo para fazer contas nem compras. Não estamos neste mundo apenas para comer, beber, namorar, transar, viajar, apesar da beleza e espiritualidade que existe em todas essas coisas. Despertar não é se desligar disso, ao contrário, é ter uma visão do Todo. É perceber que nós merecemos isso tudo e muito mais.

É ampliar o olhar e perceber o Todo. Dar-se conta de que não estamos isolados de absolutamente nada, de nenhum acontecimento e de nenhuma pessoa que tenha cruzado nossa vida ou que ainda vai nos encontrar. Estamos todos interligados.

As pessoas foram acostumadas a acreditar e sustentar sua vida em classificações e conceitos rígidos. O conceito de que Deus está fora do corpo, distante de nós; o conceito de milagre, como algo totalmente inalcançável aos homens. Todos esses conceitos foram processados ao longo de séculos e chegam a nós prontos, inflexíveis. Aprisionam-nos, pois condicionam o modo como percebemos o mundo e encaramos os desafios da vida cotidiana.

Atualmente, em nossa sociedade, as pessoas estão sendo levadas a acreditar que abundância é ganhar dinheiro e se trancar em condomínios de luxo, carros blindados, shopping centers. E que saúde é ficar "bombado" e posar para as capas de revista.

Em nossa cultura, somos ensinados e treinados para conquistar uma carreira, uma casa, um carro e um casamento. Fomos colocados nessa FORMA.

Essa receita (que também não é errada, apenas infinitamente incompleta...) nos leva a uma zona de conforto e diminuem as chances para o Despertar. Muitas vezes, uma pessoa tem uma carreira promissora, vive um grande amor, constitui família, mas não se sente satisfeita, não vive feliz. Depara-se com o vazio existencial e se debate sobre o sentido da vida, passa a reagir aos estímulos internos e sentir-se um "peixe fora-d'água", bombardeada por questionamentos próprios e de outras pessoas.

Despertar é perceber que a vida é MUITO mais que essa FORMAtação. Estamos presos a crenças e conceitos limitantes. Despertar é libertar-se, sair do sofrimento do inconsciente coletivo e perceber seu inconsciente e sua Essência como a própria manifestação de Algo Maior.

O sofrimento coletivo, a normose, na qual fomos ensinados a entrar, é uma jaula da qual o ser humano tem a chave. E ela está do lado de dentro.

O que está acontecendo agora, na Nova Era, é que a chave está cintilante, brilhando no lugar escuro, onde antes ficava escondida.

Todas as filosofias são unânimes em dizer que vivemos um momento especial de energia muito forte. Os indianos chamam esse momento de Era da Libertação,

Era de Kalki ou Era Dourada. Outras filosofias falam da Era de Aquário e da Nova Era de Luz. Esse é o momento em que até mesmo as questões espirituais serão transcendidas, pois a humanidade acumulou as condições para ir além da Percepção Espiritual rumo à Consciência infinita.

Muito trabalho tem se observado em prol da espiritualidade e no desenvolvimento espiritual. Mas o Despertar possibilita atingir essa frequência ainda mais sutil, que é a do corpo consciencial. Portanto, não será diretamente pela espiritualidade que as pessoas vão conseguir entrar em sintonia com a Consciência Maior (com a Consciência do Todo e com o Processo do Despertar).

O acesso à Percepção Consciencial vai além da espiritualidade e de suas manifestações, pregada pelas religiões. Dessa forma, o Despertar pode chegar mais cedo para um ateu do que para um religioso que ainda está muito preso aos dogmas de sua crença, a sistemas filosóficos, a conceitos.

A Nova Era é como uma grande onda do mar, que está conduzindo o ser humano para esse Processo de Despertar. Aqueles que têm as ferramentas de Sabedoria vão surfar nessa onda e serão levados a algum local. As pessoas que ficarem presas ao sofrimento serão engolidas por esse *tsunami*.

Qual é a diferença entre Sabedoria e conhecimento?

Sabedoria é a utilização prática dos conhecimentos. É experienciar o conhecimento.

O Despertar é um estado de Ser, não vem da racionalidade nem da informação. Tais informações e FORMAtações só alimentam a Mente racional (fiel servidora do ego). O Despertar vai além desse ego, que tem medo de perder o controle e, por isso, vai lutar insistentemente para sobreviver e continuar soberano.

Quanto mais buscamos informações, em novas formações, quanto mais racionalizamos as experiências e percepções, mais cultivamos o ego.

A maioria das pessoas se engaja em uma eterna busca espiritual e por esse motivo se aprisiona a conceitos e dogmas. Com isso elas não conseguem atingir uma Expansão plena.

Despertar não é um grau de ascensão em conhecimento, é um estado de Consciência que sempre existiu (adormecido) dentro de nós e só precisa ser acordado por meio de novas percepções. Portanto, Despertar depende da AtivAÇÃO do poder da Percepção.

Precisamos Despertar para descobrir nossa Essência, nossa Divindade, que está dentro de nós, louca para ser achada. Nós fomos programados para esse encontro. Não é buscando informações que vamos acessar esse lugar divino, mas esvaziando-nos de tudo o que nos separa de nós mesmos.

Por isso, o Despertar é uma tendência natural do ser humano. Todos nós possuímos uma centelha divina. Temos de identificá-la e cultivá-la para que floresça (se expanda) dentro de nós e além de nós, expandindo-nos infinitamente.

11 (Onze) Passos para o Despertar

1º Passo: Preenchendo nossos vazios

A primeira noção de separação acontece no momento do parto.

Ao nascermos, somos "retirados" daquele lugar quentinho, escuro e confortável, onde nos encontramos em uma total Plenitude: naquele local estamos em total Percepção de Unidade com nossa mãe e com o Todo. Sentimos uma total interação emocional com nossa mãe. Portanto, encontramo-nos munidos em conforto, preenchimento em totalidade e em reciprocidade e cumplicidade emocional com nossa mãe. Não precisamos de mais nada.

No momento do parto, somos obrigados a respirar pela primeira vez em um ambiente desconfortável, em uma sala gelada repleta de lâmpadas. Ao inspirar e encher os pulmões de ar, alguma coisa totalmente nova deste novo mundo, completamente estranho, entra em nosso corpo. Sentimos na hora total estranheza com esse novo ambiente e profunda vontade de retornar "à casa anterior".

O nascimento é nosso primeiro trauma de separação. Ele nos provoca a (falsa) percepção de estarmos isolados do Todo. É a partir daí que nossas antenas já são capazes de captar o caos da coletividade. Os medos que rondam nossos pais e avós, medos que já acompanhavam nossos ancestrais. Medos e preocupações do inconsciente coletivo: medo da escassez, da crise, das doenças, da violência, de morrer e até o medo do medo passam a nos permear também. Essas sensações de estranheza, medo e preocupações fazem com que passemos a reduzir nossas lembranças com a Unidade.

À medida que crescemos, as mensagens de nossos pais e cuidadores contribuem reforçando a construção de nossa identidade isolada do Todo. Aprendemos a noção de que "VOCÊ é mais esperto que SEU amiguinho!" ou "Este brinquedo é SEU, não do OUTRO".

Mais tarde, a sociedade nos divide em personagens e nos rotula para que nos identifiquemos: "fulano – locutor, fulana – bonita, cicrano – rico", e por aí vão as outras etiquetas: "gordo, careca, inteligente, bem-sucedido" ou ainda "beltrano da Volkswagen" (são inúmeras e infinitas as rotulações pelas quais lutamos para conquistar ou das quais fugimos). Esse desejo desenfreado de classificação nos isola completamente do resto da criação e faz com que aceitemos tais rótulos e passemos a servi-los.

Essa falsa ideia de separação – reforçada em nossa educação e formação – gera medo e tira a percepção de nosso Poder interior e traz limites à evolução da nossa Consciência, reduzindo-nos a seres competitivos e individualistas, contradizendo nossa Essência UNA originalmente alinhada com a sagrada criação. Perdemos a compreensão da Unidade que nos habitava antes do nascimento.

Na trajetória de vida, o ser humano tentará suprir a necessidade de preencher os vazios que o separam do

Todo. Muitas pessoas, por exemplo, concentrarão seus esforços na carreira: buscando a fama, sucesso, riqueza, etc. Mas o vazio nunca é preenchido. Outros tentarão preenchê-lo, muitas vezes, buscando Elevação Espiritual nas religiões. (Isso também não é ruim.) Entretanto, os dogmas e a religiosidade não trazem o preenchimento desse vazio.

Na verdade, passamos a vida tentando (inúteis) ações para o preenchimento desse vazio. Mas ele só é "resolvido" com a percepção de que há Algo Maior além de mim e dentro de mim.

Contudo, a maioria das doutrinas religiosas prega que esse Poder Maior encontra-se FORA de nós e sugere dogmas variados para alcançá-lo.

As Escrituras Sagradas indianas dizem que o sofrimento humano provém exatamente dessa falsa noção de Separatividade. A Ilusão, o véu de Maia. Podemos suprir esse vazio voltando nosso olhar para a Divindade que (também) habita dentro de nós. Todos, em algum momento, já experienciamos essa Divindade... Não importa a crença religiosa ou o Deus em que você acredita, podemos sentir isso: a percepção da centelha divina que habita dentro de cada um, quando atingimos algum grau de elevação... Ninguém está sozinho, não estamos separados de nada.

As religiões reforçaram essa Ilusão da Separatividade ao mostrar um Deus julgador sentado em um trono no céu, distribuindo punições ou bênçãos (somente aos "merecedores"). Essas religiões colocaram o Ser Humano em uma percepção de escassez e mendicância, rezando para obter as bênçãos da misericórdia.

As práticas antigas vividas fora das igrejas, como as práticas do Xamanismo, trazem a percepção de que o poder já É e já ESTÁ aqui. O céu é aqui!

O céu católico, onde "vamos depois desta vida", e o trono do Pai são metafóricos. A má compreensão dessa metáfora limitou o Poder do ser humano e serviu (propositadamente) ao controle do "sistema".

O empoderamento do feminino, do masculino e das forças da terra, as forças da natureza, a crença nos orixás foram práticas colocadas de lado, e seus adoradores perseguidos.

Essa posição de mendicância em relação ao divino, ao sagrado, deu mais força para os discursos religiosos. A religião, que significa *religare*, ou seja, religar, nega que já estamos conectados a essa força por uma centelha divina. Não preciso de um intermediário que possibilite minha reconexão com o Divino, não necessito me conectar, já ESTOU conectado.

Portanto, não é só o nascimento que constrói nossa percepção, falsa, da Separatividade, mas o inconsciente coletivo também reforça essa separação, pois nossos pais, nossos avós, bisavós e tataravós acreditavam na ideia de um Deus que está no céu, que vigia e pune segundo regras rígidas, para quem devemos SÓ clamar misericórdia.

Dessa forma, é preciso ter uma nova percepção a respeito desse Poder interior. O homem não precisa da religião para realizar a manifestação de Deus. Ele pode buscar a religião se ele quiser, mas esta não determina esse acesso.

Podemos, assim, ter uma nova perspectiva sobre o empoderamento.

O estado de Shwara Prani Dana é a Percepção da Divindade que habita dentro e fora de nós. Meu Antaria-mim, a Força Divina que habita dentro de mim, pode se expandir e fundir-se com o Todo, para realizar a manifestação de Deus – o Paramatma.

Na Sabedoria Ancestral indígena, a Divindade é o próprio planeta Terra e todas as suas manifestações: o "grande espírito", nosso mais antigo Ancestral. Esses povos nos ensinam a honrar nossos ancestrais e a evocar as forças de Terra.

No Xamanismo, assim como na yoga, Bhagavati – a percepção feminina de Deus – e Bhagavate – a percepção masculina de Deus, a Força Ancestral – estão em mim. Quando me apodero disso, sou a manifestação da Força Ancestral. As forças de minha mãe, avó, bisavó, minha força feminina... as forças de meu pai, avô, bisavô, tataravô, as forças masculinas... Para se ter uma ideia: se voltarmos atrás de nós 11 gerações, obteremos o número de 4.094 ancestrais. Esse Poder é nosso, nos habita e sempre nos habitará.

Paulo Sérgio OLIVEIRAHH
Terapeuta Transpessoal

É importante saber que este livro não é uma "doutrina racional", trata-se de uma constante dinâmica de práticas e reflexões, que vai levar você a um caminho chamado Despertar. E o fará olhar a vida com outros olhos, sofrer muito menos, e perceber que o sofrimento do inconsciente coletivo não é seu.

Esse Processo de Despertar é acessível a pessoas de todas as crenças, pois tudo é sagrado nessa vida e Deus habita cada esfera de percepção.

"Desligue-se de seu passado e ganhe um presente precioso."

(PAULO SÉRGIO OLIVERAHH)

2º Passo: Gratidão

"...Amar, não padecer,
Agradecer, que a graça irá descer..."

Paulo Sérgio Oliveirahh, O poderoso dom da gratidão, Konsciência Kantada, 2016.

Eu sempre repito estes versos no meu programa de rádio: "Agradecer, que a graça irá descer".

O estado de Santosha é traduzido como uma condição de contentamento. Mas não é um medo de resignação, nem a condição daquele que se conforma ou "engole goela abaixo" o que não faz bem...

É um estado de descoberta e constatação.

Há sempre um monte de coisas dando certo em nossa vida, mas nós fomos treinados a olhar para aquilo que nos falta...

Antes de RECLAMAR, ou seja, antes de REpetir o CLAMOR das coisas que a gente não tem, precisamos perceber o valor das coisas que nós já temos.

Há estudos científicos que comprovam que exercitar a gratidão pelas pequenas coisas de nossa vida provoca mudanças importantes nas atividades cerebrais. Essas alterações neurobiológicas podem ter efeitos de longo prazo na forma como interagimos com o cotidiano.

Quando estamos dormindo, por exemplo, entramos em um estado de Expansão. Pela manhã, ao Despertar do sono, observe que temos logo uma (falsa) percepção de carência, um pensamento de escassez.

Ou ainda nos vem, em pensamento, tudo o que temos de fazer, tudo o que precisamos cumprir naquele dia. Muitas pessoas já acordam reclamando, quase todos os dias. Infelizmente acordamos nos queixando e almejando buscar "o que falta".

Resumindo, saímos de um estado de Expansão e integração, durante o sono, para um estado de restrição e fragmentação ao acordar.

Não há nada de errado com esses pensamentos, porém, se deixarmos que eles tomem conta de nós, entraremos em um universo de carência e escassez, em que é difícil obter qualquer elevação.

Percebamos que começamos nosso dia suscetíveis aos sofrimentos do inconsciente coletivo e às normoses do cotidiano, alimentamos as PREocupações. Sofremos por antecipação e nos preenchemos de ansiedade.

Para evitar isso é importante tomar Consciência desta automação e nos voltarmos para o que realmente importa e para tudo que SOMOS e TEMOS.

Se aprendêssemos a não cair nessas armadilhas do pensamento logo pela manhã, poderíamos aproveitar o estado de Expansão que o sono promove, a nosso favor. Por isso, logo de manhã, é muito bom agradecer por tudo. Agradecer pela cama, pelo cobertor, pelo companheiro que está ao meu lado, e assim por diante, agradecendo pelas coisas imediatas que nos rodeiam logo no momento da volta do sono. Daí podemos seguir agradecendo pela casa, pelos filhos, pela família, pela saúde, pelo trabalho que provê meu sustento.

Estão implícitos na ação de agradecer pelas pequenas coisas outros resultados em cadeia, inclusive grandes resultados. Aparecem muitas outras coisas pelas quais você vai querer agradecer. Isso se torna uma grande reverberação de ondas, capaz de mudar completamente nossa frequência pessoal e a do ambiente.

A gente começa essa prática de forma racional, mas logo ela toma nossos sentidos e passamos a nos integrar a esse novo estado gerado.

Ao olhar para tudo aquilo que temos em nossa vida, deixamos de dar importância ao que não temos, e melhor, nem precisamos. Iniciamos uma retirada desses estados de carência, escassez e ansiedade.

"... AMAR, NÃO PADECER, AGRADECER QUE A GRAÇA IRÁ DESCER..." (MÚSICA: "O PODEROSO DOM DA GRATIDÃO")

PAULO SÉRGIO OLIVEIRAHH

3º Passo:
Pureza (Sauchan)

..."TEM ALEGRIA AÍ BEM DENTRO DE VOCÊ (É SÓ VOCÊ QUERER) BUSQUE A SINTONIA LINDA DE VIVER..." (MÚSICA "RECEITA DE FELICIDADE") – PAULO SÉRGIO OLIVEIRAHH

Vamos ao terceiro passo. Sou numerólogo e aprecio muito o número 3, que traz alegria, expansão e comunicação. Pessoas que nascem no dia 3, como eu, são bons comunicadores, rsrs...

Eu me lembro de meu tempo de criança, vivia na periferia de São Paulo, brincava na rua, sem nenhum medo da violência, que já existia e era muito grande. Mesmo dentro de casa, dava pulos e cambalhotas no sofá, não parava quieto, como todas as crianças devem ser. Se eu me machucava, se acontecia algum acidente, logo passava e eu queria voltar a brincar.

Quando nos referimos ao estado de Sauchan, que significa o estado de pureza, não estamos falando de purificação ou de castidade, como a de celibatários, dos padres e freiras, ou dos Brahmacharyas. A pureza a que aludimos é a leveza, por isso é mais parecida com a pureza das crianças, que brincam sem impedimentos, movidas pelo prazer da descoberta.

Como resgatar isso em nossa vida? Se eu começar a segunda-feira pensando em coisas ruins ou se reagir a provocações, sintonizarei automaticamente uma frequência menor, minhas antenas só vão captar sofrimento... É preciso se lançar ao novo, como uma criança, descobrir novos brinquedos no dia a dia, reinventos, curas, buscas...

Sair um pouco da rotina, mudar o caminho do trabalho, evitar os hábitos e gestos automáticos são formas de criar novas sinapses, ganhar novas antenas e nos proteger do perigo de repetir as mesmas cenas normóticas que nos chateiam, questionando-as, usando nosso senso crítico que não é ruim a nosso favor.

Se eu começo o dia exercitando a gratidão, consigo me antenar com pensamentos mais leves. Buscar um estado de alegria e divertimento provoca uma manutenção dessa sintonia e me protege de meu maior inimigo que sou eu mesmo (minha Mente, que tanto Mente).

Claro que poderão ocorrer pensamentos de medo, raiva, angústia ou qualquer outro tipo de sentimento incômodo e, nesse caso, não devemos brigar com os pensamentos nem evitá-los. Esse estado de pureza requer que observemos esses pensamentos, sem identificação, e que deixemos simplesmente eles irem, para que retornemos. Como as crianças que, depois do machucado ou de um susto, voltam rapidamente a brincar.

Pode acontecer de eu reagir aos primeiros pensamentos ou deixar que eles me levem. Ou ainda que eu lute contra eles. Nas três formas, estarei identificado com o pensamento.

Se isso acontecer, é interessante observar que em todas essas situações eu ainda não ativei minha Consciência, pois não deixei meu observador interno atuar... (o que também é aprendizado, pois é uma maneira de saber "como não fazer...").

"... TEM ALEGRIA AÍ BEM DENTRO DE VOCÊ (É SÓ VOCÊ QUERER)
BUSQUE A SINTONIA LINDA DE VIVER..."
(MÚSICA: "RECEITA DE FELICIDADE")
– PAULO SÉRGIO OLIVEIRAHH

Em nosso exemplo matinal, para não entrar na armadilha da manipulação da Mente, é aconselhável fazer atividades de elevação pela manhã. Agradecer pelo novo dia, ter conversas otimistas com as pessoas que nos rodeiam, ouvir música, fazer exercícios físicos, meditar, etc. É bom perceber que você não precisa se identificar com os azedumes do cotidiano: não participe nem dê ouvidos às fofocas, não reclame das contas a pagar, da casa para limpar, não sintonize seu rádio ou TV em programas que falam do trânsito, a não ser que você realmente tenha necessidade dessas informações logo no começo do dia. Lembre-se de praticar a gratidão e manter seu estado de pureza.

Enxergar o "belo"...

Alegrar-se com as novidades e desafios... Possuir olhar infantil e puro em tudo: "Tem alegria aí, bem dentro de você, é só você querer. Busque a sintonia, sinta a energia linda de viver" (trecho de minha música "Receita de Felicidade", de meu CD *Konsciência Kantada*).

"... ACALENTA COM A LUA A HUMANIDADE, SOPRA O VENTO DISCIPANDO A AGITAÇÃO, ACENDE COM TEU SOL A IRMANDADE, CHOVE AMOR PARA INUNDAR A ILUSÃO...
(MÚSICA: "DESPERTA MEU TAMBOR")
– PAULO SÉRGIO OLIVEIRAHH

4º Passo:
Ativando o Observador Interno

Existe uma antiga história indiana que narra o diálogo de um homem comum que foi procurar um sábio guru:

– Eu vim buscar a Iluminação – disse o homem, a quem o guru respondeu:

– Certo, volte aqui amanhã. Mas, até lá, não pense em macacos.

Essa história explana algo muito trivial.

Já li e ouvi pessoas dizendo que o objetivo da meditação é fazer cessar os pensamentos. Mas essa historinha nos mostra precisamente que é impossível controlar a Mente, não é possível dominar ou apagar os pensamentos.

Dizem também que a meditação tem o objetivo de nos fazer PARAR de pensar ou de agir. Mas, pelo contrário, o estágio final da meditAÇÃO é a ação.

Meditar NÃO é parar de pensar (isso é impossível).

Meditar é observar os pensamentos, percebê-los sem se identificar com eles, sem se envolver emocionalmente com o que surgir em nossa cabeça. Se não nos identificamos com os pensamentos, eles passam sem que nós os alimentemos, nem lhes forcemos uma direção.

Como funcionam os pensamentos? Vamos ver um exemplo.

Imagine uma sala de yoga. Ao começar a prática, o mestre/professor conduz os alunos, dizendo:

– Observem sua respiração. Agora, levem luz para todas as suas células e para as suas articulações.

Um aluno sente o ombro dolorido e relembra, em pensamento, que se machucou quando descia da moto. Essa memória puxa outra e os pensamentos voam; seria mais ou menos assim:

"Minha moto está ruinzinha, bonita é a moto do meu vizinho, se eu tivesse dinheiro, comprava uma igual a dele. Preciso ver se meu pagamento já caiu na conta. Inclusive no banco eu vi a propaganda daquela casa com piscina, fiquei com vontade de ir viajar. Preciso marcar minhas férias..."

Parece paradoxal que eu tenha dito que a meditAÇÃO inclui a ação, e sugerir agora que não façamos nada com o que vem à nossa cabeça. Mas, em nossa FORMAção, fomos induzidos a entender que ação é movimento e agitação. Nós temos a Ilusão de que não reagir é ficar estático e, por isso, não seja uma ação. No entanto, temos de expandir nossa compreensão e transformar a forma de entender esses conceitos.

Não reagir aos estímulos externos é uma ação. Uma das mais elevadas.

Muitas vezes, para provocar a mudança que queremos, precisamos justamente não agir, não responder aos estímulos externos. Isso É uma ação.

Observar é uma ação. Como se faz? É preciso ficar parado e olhar com todos os sentidos.

Os pensamentos voam, a todo momento, desde que acordamos, durante o banho, no ônibus, ao volante, no meio da aula, na fila do banco, quando estamos distraídos, quando executamos trabalhos criativos ou mesmo fazendo algum trabalho muito entediante. A todo tempo estamos pensando e sendo levados pelos pensamentos.

Por meio de técnicas de relaxamento e respiração, eu posso me desidentificar de meus pensamentos. Assumir o papel de observador, observar os pensamentos. É muito importante ATIVAR o observador interno, que antes não existia.

Sem o observador, a gente fica completamente identificado com os pensamentos. As emoções afloram e você embarca na historinha que a Mente quer lhe contar.

Todos nós possuímos (pela maneira que fomos criados e formatados e por nossas reações ao inconsciente coletivo e Ancestral) uma grande confiança na Mente e na racionalidade. Habita em nós uma identificação completa com os pensamentos que nos permeiam. Acreditamos que eles sejam criações nossas e que traduzem fielmente nosso ser. Nós nos orgulhamos até de nossa racionalidade, a ponto de confiarmos em nossos pensamentos como se eles fossem verdades absolutas.

Por isso sempre recomendei a meditação (HOJE INDICO O TOQUE DO DESPERTAR – Deeksha (um atalho mais eficaz pois ele traz TODOS os resultados da meditação). Mas falemos do efeito da meditação aqui, sempre lembrando que o Deeksha é uma atualização, um *"upgrade* de Tecnologia".

Meditar (ou elevar-se à frequência Maior pelo Deeksha) é mais que "se isolar", é ativar o observador interno. Já que não é possível brigar com a Mente nem apagar os pensamentos, ao ativar o observador interno, consigo me distanciar dos pensamentos e não me identifico mais com os pensamentos nem com a Mente.

No cotidiano, observe seus pensamentos, suas reações, observe os eventos que são gatilhos para a reclamação, o julgamento e a comparação. Não reagir, mas observar se isso acontece...

Não podemos subestimar o Poder da Mente. Temos de reconhecer que a Mente é poderosa, ela se formou por nossas experiências individuais e coletivas, por cargas minhas e por cargas ancestrais. Preciso reconhecer e dar lugar ao Poder da Mente. Dessa forma, começo a me desidentificar com ela.

Quando ativamos o observador interno, o qual é uma centelha da Consciência Maior, que é infinita, voltamos à casa do Pai. Nesse momento, reconhecemos a parte divina que nos habita e reacendemos a conexão com essa Divindade que habita dentro da gente.

"A ALMA SEMPRE SABE. RESTA-NOS APRENDER A OUVI-LA."

(PAULO SÉRGIO OLIVEIRAHH)

5º Passo: Identificação e Desmistificação da Sombra

Carência gera competência.

No passo anterior, ativamos o observador interno. Percebemos nossa identificação com a Mente. Reconhecemos o Poder da Mente e observamos nossos pensamentos. Entramos em contato com a centelha divina da Consciência Maior.

Neste novo passo, depois de ter observado os próprios pensamentos, começamos a identificar aquilo que nos atrapalha, os gatilhos que nos fazem entrar em sofrimento.

Também começamos a nos dar conta de que há uma série de características em nós que não apreciamos e tentamos esconder ou suavizar. "Eu me irrito com frequência e apresento (mil) desculpas e justificativas para as minhas falhas".

Todos nós temos partes que não aprovamos em nós mesmos, coisas que fomos treinados a jogar embaixo do tapete. Características, experiências, relações que escondemos dos outros e de nós mesmos. Rejeitamos e reprovamos tanto essas coisas que tentamos jogá-las no esquecimento, e elas se tornam monstruosas. Daí provém seu perigo.

Para sermos "perfeitinhos" dentro do sistema normótico em que vivemos, mostramos para a sociedade apenas nosso lado "bonzinho". Vamos escondendo nossos defeitos, tentamos apagar as características que as pessoas não aprovam. Aprendemos a não lidar com essas coisas para fugir da dor que isso nos causa.

A necessidade de ser aceito em um grupo que tem determinada identidade nos mobiliza rumo à sociabilidade, mas nos causa infinitos problemas de perda de identidade.

Quando uma criança sofre *bullying* na escola, é provável que ela tente esconder as agressões que tem sofrido de si mesma, e também que ela sonhe ser aceita por seu agressor, agradando-o. Mas em hipótese alguma, neste nosso exemplo, ela deixará fluir espontaneamente a raiva e o inconformismo com a situação, pois ela acha que isso é ruim. Não fomos ensinados a olhar para nossas sombras, nosso lado que foi reprimido e escondido.

Toda vez que "iluminamos" uma sombra, ela se torna parte de nossa luz. Quando aceitamos e depois tomamos Consciência, os nossos defeitos podem se tornar nossas melhores qualidades.

Estamos tão acostumados a evitar as dores que é como se tivéssemos um espinho no pé e andássemos sempre mancando. O pé já infeccionou, mas, quando perguntados, dizemos que está tudo bem e que o pé nem dói mais.

Por que não queremos tirar esse espinho do pé? Porque vai doer? Vai, mas vai doer UMA vez SÓ. Mas dói... e ninguém quer sentir dor.

É difícil olhar para nossos defeitos, difícil perceber que sou invejoso, manipulador, violento ou destemperado. Temos tendência a ficar só com a parte "boa" das coisas.

Neste passo, temos a condição de fortalecer nossa integridade interior, aumentar o contato com a Divindade que habita dentro de nós.

A falsa noção da Separatividade nos faz cair no conceito da dualidade. Bem e mal, luz e sombra. Mas na Consciência Maior não há essas diferenças. A sombra é uma ausência temporária de luz. O mal é o bem ainda não lapidado.

No Xamanismo, a sombra é vista como ferida sagrada. Isso quer dizer que nossa maior carência, se for identificada, reconhecida, aceita, trabalhada e transmutada, pode se tornar uma grande competência nossa.

É muito legal imaginar uma transformação desse tipo. Se olhamos com amor para nossos "defeitos", poderemos reconhecer também novas qualidades. Não precisamos nos envergonhar e temer esse lado nosso. Temos de iluminá-lo e integrá-lo (NÃO eliminá-lo).

Identificar as sombras é notar nossas reações, se fico irritado, contrariado ou nos momentos em que me sinto vítima, por exemplo... Observe os instantes em que você se faz de vítima; perceber quando isso acontece, o que nos leva a essas situações: a sempre repetir o padrão.

Lembrando que sombra é TUDO aquilo que não foi olhado, foi colocado "embaixo do tapete": medos, dificuldades, culpas, raivas e cargas emocionais de qualquer espécie que não puderam ser experienciadas.

Existem ainda as sombras do inconsciente coletivo: o medo da escassez, medos generalizados, ambição, luxúria, etc.

Abordamos nesse passo a inconsciência de não olharmos para a sombra. Porque aprendemos a olhar somente para os conceitos que nos foram imputados, a olhar somente para aquilo que julgamos trazer recompensa.

A visão da Kabbalah nos alerta que estamos nessa vida para ter prazer e quebrar paradigmas...

Sexualidade, por exemplo, também é algo divino que foi deturpado, violando o sentido do aspecto sagrado, trazendo ainda culpas e autopenitências...

Aí está um exemplo do Poder da observação consciente: "SAGRADO É TUDO AQUILO EM QUE COLOCO MINHA CONSCIÊNCIA".

Devemos perceber que, quando tomamos Consciência de algo, atribuímos seu Poder para nós. Um Poder Maior e diferente daquele que nos foi ensinado. Portanto, quando "iluminamos" nossas sombras nos apoderamos de algo que nos foi ensinado que era negativo a nosso favor.

O convite aqui é: vamos nos livrar das culpas que sentimos em razão de tudo que foi inventado pelos homens de Poder, pelas religiões e pelo inconsciente coletivo. Tudo aquilo que nos foi ensinado e também o que foi velado.

Um breve exercício:

Recorde-se de uma situação de extrema violência contra você (ela está aí, por mais que sua Mente insista em não lembrar)... Encontre e deixe fluir TODA a sua revolta com o fato e principalmente com a pessoa que o provocou...

Isso já deve ter vindo espontaneamente antes, e você, por medo de se sentir uma pessoa "MÁ" deve ter reprimido...

Pois bem, deixe vir em toda a sua intensidade e, assim que vier, TOME CONSCIÊNCIA dessa emoção, aceite-a, ela é parte de você... Melhor ainda, é uma emoção DIVINA, pois tudo em você é divino...

A raiva traz energia criativa para encontrar saídas... Reinventar-se. E traz também o movimento... A atitude.

O medo, muitas vezes, nos precaveu de algo.

A incapacidade nos fez humildes.

A tristeza nos revelou a compaixão.

"HÁ DE TRILHAR POR TREVAS PARA SE ACHAR A LUZ."

PAULO SÉRGIO OLIVEIRAHH

6º Passo: Identificação da Realidade e Autoconhecimento

As Escrituras Sagradas indianas falam do véu da Ilusão, o véu de Maia, que é o véu da ignorância. O que é essa ignorância?

Em uma sociedade que prega e preza a racionalidade e, ainda, acredita-se que qualquer problema será solucionado se obtivermos as informações corretas, focamos em não olhar para as questões emocionais e menos ainda as conscienciais.

Acreditamos (sem nunca antes questionar) que, quanto mais informação, mais nos tornaremos "sábios". Mas seria a Sabedoria somente um acúmulo de informações?

Podemos construir conhecimentos a partir das informações que encontramos em livros, cursos, formações acadêmicas, palestras, etc. Mas Sabedoria NÃO é isso!!!

Nosso lado racional é socialmente incentivado e muito exercitado, deixando-se de lado o desenvolvimento, a interpretação e exploração desse conteúdo de informações.

Na escola, desde os primeiros anos, os conhecimentos são divididos em disciplinas escolares bem delimitadas: história, matemática, ciências, línguas, química, biologia, etc. E ainda exigimos que as crianças sejam boas em todas as disciplinas. Os estudantes são avaliados por meio de provas e notas separadas de conhecimentos ensinados de modo fragmentado, isto é, em "caixas separadas", "puxando" informações separadas. Nas graduações, as cadeiras universitárias e, consequentemente, as carreiras também seguem essa lógica de separação. Não é à toa que nosso cérebro também vai funcionar dessa forma, separando a experiência em arquivos e subutilizando nossa inteligência emocional e, dessa maneira, nossa Consciência.

Em nossa civilização as famílias residem em "caixas", nos locomovemos em caixas sobre rodas, para nos deslocarmos para outras "caixas". (Voltando à "introdução", onde já mencionei isso...)

Para os povos ancestrais, viver em "caixas" é uma forma estranha: trata-se de uma não fluidez com o fluxo natural. E eles têm total razão. Nossas caixas, além de tudo, estão cada vez mais fechadas e nos isolam não só da natureza, mas também de nosso semelhante. Há "caixas" em que se vive cercado de grades, sistemas de segurança e todo tipo de blindagem.

Não é à toa que as moradias indígenas são redondas e as vilas que habitam são circulares. O círculo é muito diferente do quadrado. O quadrado tem quatro lados iguais e bem definidos, no círculo não há lados. A natureza se organiza de forma circular e cíclica: a Terra, o Sol, os frutos, as sementes, as estações. As formas circulares nos dão a Percepção da Unidade e da interdependência dos ciclos. Cada ponto do círculo contribui para que o Todo exista; nele, percebo que sou tão importante quanto o outro.

Em caixas, nossa sociedade vive a Ilusão de que estamos separados uns dos outros, que necessitamos de privacidade, identidade, segurança, e que é preciso controlar a natureza. Essa separação do coletivo, ao mesmo tempo que nos faz sentir sozinhos, faz também com que as pessoas vivam em competição, com os seres das outras "caixas".

Os manuais de autoajuda estão completamente em ressonância com essas caixas. A utópica Felicidade que esses manuais prometem não nos faz sair desse mundo quadrado. De que adianta eu ganhar dinheiro, ter sucesso, se eu usarei esse dinheiro e farei sucesso dentro de um quadradinho que não me traz nenhuma felicidade duradoura, nenhum vislumbre da Plenitude?

É por isso que o objetivo deste livro é abrir essas caixas. Para viver em plenitude, é preciso sair desse quadrado que nos limita a emoção e a Consciência. É necessário tirar da frente de nossos olhos esse véu de Ilusão e ignorância. Aí sim podemos falar em autoconhecimento...

A maioria dos buscadores espirituais tem como meta esse (utópico) autoconhecimento... Precisei me estender na introdução deste passo para que fosse possível desmistificar esse termo: autoconhecimento não é só informação sobre si mesmo, pois foi assim, separando em "caixas", sob completa racionalidade, que até hoje nós nos observamos, e se isso não funciona de maneira alguma na percepção maior dos fatos e eventos, também não funciona em uma profunda autoanálise.

Para retirar esse véu de Ilusão, precisamos seguir os passos anteriores, observar e identificar a formação e formatação a que fomos sujeitos. É preciso perceber esses momentos de separação que enfrentamos em nossa vida e como esses instantes foram vividos lá atrás em nossa história.

Nesse momento ocorre a identificação. Jogamos luz à sombra e isso é capaz de promover uma Cura poderosa: o acontecido foi revisto e revisitado com outra Consciência.

Observe e identifique as crenças e os conceitos que foram transmitidos a você de geração em geração. Observe o quanto você é apegado a valores que o separam do Todo. Perceba que você foi FORMAtado; esse é o caminho para sair da ignorância.

Quem eu sou de verdade? Sou feliz mesmo? Ou será que estou tentando agradar alguém? Será que não estou dependente sempre de eventos externos para ser feliz?

Perceber a realidade: é também perceber a dor de algo que eu possa ter escondido de mim mesmo. É olhar para dentro, não para o que está em meu cartão de visitas, em meu currículo ou em meu perfil das redes sociais.

É preciso estar próximo de meu EU verdadeiro!

Muitas vezes nos afastamos de nós... Mentimos para nós mesmos tentando agradar e ter reconhecimento.

Descobrindo realmente quem somos, estamos a caminho de curar tudo isso.

Só conseguirei enxergar a realidade quando eu puder olhar para dentro de mim e, de verdade, conseguir saber quem eu sou... Senão meu automático estará adaptado a esse personagem que eu criei para agradar a um contexto e a mim mesmo. ISSO É INTEGRIDADE INTERIOR.

Veremos no próximo passo que, depois de identificar as formatações que nos moldaram, será preciso aceitar essa formatação que nos foi imputada sem que tivéssemos Consciência disso. Só depois de identificar e aceitar que temos essas limitações, poderemos transcendê-las.

"E FAZ EU CRER COM MAIS CERTEZA NOS ENCANTOS DA MÃE NATUREZA, NOS MOTIVOS DE EU AINDA AQUI ESTAR, O DESTINO E SUAS SURPRESAS, NO VALOR DAS PEQUENAS BELEZAS, NOS MISTÉRIOS QUE AINDA HEI DE DESVENDAR."

(PAULO SÉRGIO OLIVEIRAHH)

7º Passo: Aceitação

Só se cura quem aceita a lição (trecho de minha música "Desperta meu tambor" – CD *Konsciência Kantada*).

"Só curamos aquilo que aceitamos."

Essa frase tem sido muito utilizada em meu trabalho, tentando trazer essa percepção à Consciência das pessoas.

Fomos criados e formatados para entender que temos de nos livrar dos problemas, das pendências, etc. Mas, na verdade, há um equívoco na ideia de que conseguimos "eliminar" alguma coisa. Na natureza nada se perde...

Isto é, não jogamos nada fora. Não há como eliminar coisa alguma. Mesmo o lixo, que acreditamos jogar fora. O fora não existe, nunca existiu... Ora! Jogamos o lixo no planeta, jogamos dentro dele. Mesmo que ele seja queimado, gases e resíduos restarão... "Tudo se transforma", NÃO SOME.

O mesmo acontece com eventos e situações: estão sempre em constante transformação, e mesmo as coisas das quais não queremos nos desapegar também se transformam.

Portanto, não conseguimos nos livrar de absolutamente NADA. Mesmo a morte física é uma transformação.

Perceba quanta energia despendemos tentando nos livrar de situações e processos, e pior, muitas vezes tentando forçar a morte prematura deles.

Você não se desvincula de um trauma de um relacionamento amoroso, não se desvincula de uma briga com seu pai ou seu chefe, nem de uma desqualificação que você recebeu de uma professora ou de sua mãe. Essas coisas ficam em nossos registros, que aqui chamaremos de cargas.

É preciso entrar dentro dessas histórias, entrar em contato com tais cargas. Olhar para tudo o que aconteceu em sua trajetória com muito amor, porque o amor afasta o medo.

As pessoas dizem "enfrentar seus medos", "enfrentar os fantasmas", mas não entendo como pode haver tal enfrentamento. Não é uma guerra, não existem ganhadores nem perdedores. Como competir, brigar ou guerrear com algo que faz parte de mim? Isso é uma Ilusão!

É também ILUSÃO achar que posso me livrar de minhas experiências, de tudo o que já me aconteceu. Simplesmente apertar o botão DELETAR.

Da mesma forma, é Ilusão fazer o julgamento de minhas próprias experiências, sem aceitar que há um grandioso motivo, a serviço de algo muito maior, por trás de cada aprendizado.

Aceitar que nada é separado, que tudo tem uma razão, que toda situação é sempre provisória, e em total estado de impermanência, amplia toda a experiência e nos poupa grande sofrimento, trazendo a visão de todo "o quebra-cabeças da vida".

Nesse estado de aceitação, não existe espaço para a falsa noção de separação, não há separação, não há o que ser separado, pois não há um outro! A aceitação integra!

O acontecimento é um só e é um mesmo para mim, para você, para minha filha que está em casa, para uma pessoa do outro lado da cidade. As percepções é que são completamente individualizadas pelas histórias de vida e pelo momento que cada pessoa esteja vivendo.

O "aconteSER" é um só, inviolável, impermanente e atemporal.

Com a visão do observador ativada, posso obter uma visão maior do todo e, por consequência, desidentificar-me do eu, dos pensamentos e da normose do cotidiano.

Se conseguimos ativar essa noção de unidade entre as pessoas, todos perceberemos que nunca estivemos separados.

A importância desse passo é tomar Consciência do quanto fomos educados e treinados a reagir...

Se tivéssemos aprendido desde pequenos a aceitar as frustrações e quebras de expectativas com Consciência, a história da humanidade seria outra.

Aceitar é tomar a Sabedoria de que o "negativo" não pode me prejudicar... Mesmo porque o negativo é uma Ilusão temporária (é algo que vai passar). Talvez esse "negativo" seja só o caminho de transição para o positivo... Portanto, aceitar é tomar Consciência da Ilusão da dualidade.

"O bem é o mal ainda não lapidado."

"A sombra é a luz ainda não iluminada."

Ora, se consigo enxergar a lei da impermanência naquilo que supostamente me incomoda, é óbvio que alguma transformação foi trazida nesse experimento... E mais... Podemos levar essa luz a quaisquer outros aspectos e eventos de nossa jornada.

A aceitação pressupõe fé, confiança e entrega – Sradha.

"SÓ CURAMOS AQUILO QUE ACEITAMOS."
(PAULO SÉRGIO OLIVEIRAHH)

8º Passo: Desidentificação

Vou começar com um exemplo bem simples de desidentificação.

Na juventude, ficamos loucos para namorar. Então, a gente começa a procurar um parceiro. Passamos meses nessa busca. Insistimos o quanto podemos, mas ninguém parece interessante, ou ninguém parece se interessar por nós. Até que a gente desencana. Decide ir fazer outra coisa, começa a estudar ou a trabalhar. É aí que aparece uma paquera. Depois, quando você começa a namorar, aparecem outras pessoas interessadas em você.

Desencanar é desidentificar-se.

Se eu fixo o pensamento em como eu SERIA feliz SE eu TIVESSE uma namorada, em como eu QUERO e ANSEIO por isso, eu repito o RE-CLAMOR daquilo que eu não tenho.

O mesmo acontece com o dinheiro. Se a gente reclama das contas para pagar, reclama de ter pouco dinheiro, não conseguimos sair desse ciclo. Essa é a lei da atração. Se eu fixar uma identificação com a escassez, atrairei escassez para minha vida.

Se tenho um problema financeiro, ora, reconheço que tenho contas e não consigo pagá-las. Eu tenho de reconhecer que o fato existe.

Não tenho dinheiro, sinto-me sozinho, os fatos nos causam dor. É preciso reconhecer a dor que o evento me causa. Tudo aquilo que eu EVITO, PERSISTE. Tudo aquilo que eu olho, reconheço e aceito, perde as resistências.

Para que se PRÉ-OCUPAR, ter um sofrimento antecipado por aquilo que não pode ser resolvido dessa maneira? Não adianta a gente sofrer e se lamentar por antecedência.

Problemas todos têm. O que sempre muda é a forma como lidamos com esses "problemas". Quantas vezes nos vemos tão identificados com esses eventos, temos pensamentos recorrentes sobre eles, gastamos muita energia, mas nem sequer tentamos resolver a situação? Deixamos de TER UM problema e passamos a SER O problema! Necessitamos nos "DESenvolver?"

Desenvolver não é só Expansão e Crescimento. É SAIR do ENVOLVIMENTO (do olho do furacão) e poder observar de fora com uma visão muito mais ampla. Com a percepção desenvolvida, somada à prática dos passos anteriores, conseguiremos desidentificar quaisquer eventos ou fatos...

Vejamos como isso acontece: eu me desidentifico quando consigo um entendimento maior do evento, percebendo que não sou o evento.

Observando com maior Consciência, veremos que a dor que qualquer evento nos causa está relacionada às nossas experiências de vida (nossas cargas) e a todo o sistema de crenças que carregamos.

Desenvolver é uma maneira diferente de aprender. Desidentificar é uma forma diferente de viver.

Quando consigo sair da identificação, olhar de fora e compreender a experiência total, o conceito de "problema" deixa de ter sentido. Eu fui acostumado a chamar isso ou aquilo de problema. Mas será que isso é um problema? Se percebo que tudo é impermanente e, portanto, evolui, meu problema de agora pode até se transformar em solução amanhã.

Para finalizar, gostaria de lembrar aos leitores novamente que esse processo não acontece racionalmente. Esse é um processo consciencial (e posteriormente quântico).

As práticas que estamos sugerindo irão trazer transformações em todos os níveis, até na configuração do cérebro. (A quebra de padrões limitadores provoca um esvaziamento que irá mudando a diagramação do movimento das sinapses.)

Impressionantemente, quando buscamos a DESidentificação, a ansiedade e as frustrações começam a desintegrar-se de forma admirável, as dualidades vão esvanecendo. O sofrimento causado pela identificação vai desaparecendo.

"... ACONTEÇA O QUE ACONTEÇA ESTÁ TUDO SEMPRE CERTO..."
(PAULO SÉRGIO OLIVEIRAHH)

9º Passo: Transmutação

Por conta dos vazios existencial, físico e emocional, é inerente ao ser humano a busca pela transcendência e mudanças (muitas vezes até sem a devida precisão do que deve ser mudado...).

A Transmutação é um processo natural da vida. Parece ser a única certeza, a única afirmação, como na frase célebre do químico francês Antoine Lavoisier: "Na natureza, nada se cria, nada se perde, tudo se transforma".

Muitas vezes, as pessoas projetam essa necessidade de transmutar os fatos e mudar tudo que está ao seu redor. Tentam mudar o outro, a mãe, o pai, o esposo, a esposa, o chefe. Estão sempre mudando a casa, a decoração, o carro, comprando e reagindo a estímulos externos.

Porém, isso apenas reflete a constante insatisfação que as habita.

Mudar a vida, na visão do Despertar, é alterar a percepção sobre fatos e eventos! Sair do automático é ver com novos olhos, ouvir com novos ouvidos, relacionar-se de uma nova maneira (como foi dito anteriormente). Quando você muda sua percepção, tudo a seu redor tem outro "sabor" e traz um novo resultado. Mesmo que algumas coisas ainda não tenham sido processadas e entendidas, sente-se que estão rumo à Transmutação.

A mudança ocorre a partir de dentro. Observe suas reações se sua mãe, seu chefe ou seu (sua) esposo(a) "implicam" com você... Identifique isso. O que o incomoda nessa situação? Perceba os sentimentos que você tem e não lute contra eles. Aceite-os. Fique com o que é. Qual é a situação que você está tentando transformar? Quais são suas reações usuais? Quais são os sentimentos que isso lhe causa? Você consegue identificar e aceitar essa dor? Como você pode responder de forma diferente a essa situação? Mudar o padrão é sair do automático! Pare de REagir e comece a agir da seguinte forma: não fuja das emoções densas e dos sentimentos primitivos e observe... Por que essa situação lhe incomoda? É um padrão que está se repetindo? Existe alguma reação diferente das anteriores que você possa ter? E o mais importante, sinta profundamente a dor e o incômodo que essa situação traz (esse contato mais íntimo é o antídoto para desativar a carga que provoca essa dor).

Há somente uma única certeza: essa situação contém todas as suas crenças, conteúdos emocionais e existenciais. Pois, em todos os eventos do cotidiano, a todo momento, colocamos de forma inconsciente neles tudo que nos habita.

É difícil falar de Consciência, ciência e espiritualidade de forma separada, porque tudo isso está ligado. Ao mudar sua percepção, você cria novas sinapses cerebrais, novas conexões que vão ressoar nos níveis físico, energético, emocional, mental, espiritual e consciencial.

Quando munidos da visão do Despertar, quando empoderados, percebemos que a evolução da Consciência é algo nunca experienciado, SIMPLESMENTE porque NUNCA nos foi ensinado. A utopia do Despertar sucumbe...

"EM UNIDADE A SOLUÇÃO É ILUSÃO."
(PAULO SÉRGIO OLIVEIRAHH)

10º Passo: Transformação

Antes de iniciar este passo, gostaria de dizer que em meu *site*, www.paulosergiooliveirahh.com.br, encontram-se diversos depoimentos de pessoas que sofreram transformações, mudanças significativas e que atingiram esse estado de Percepção do Despertar rumo à Libertação.

Como no passo 9, notaremos que a Transformação também é um resultado.

Você adquiriu uma nova percepção da vida, você se transformou, tornou-se uma borboleta. Você agora usufrui da Transformação. Está feliz com o que TEM e com o que É. Você mudou. Tudo a seu redor também mudou.

A Transmutação (Passo 9) é uma mudança interna, ainda não perceptiva de TODO o resultado...

Na Transformação, você **simplesmente sabe e sente** que algo mudou!!! Você já está frequentando as esferas da Frequência Maior, só não está ainda acostumado a conviver nela, pois esteve estimulado a viver e perceber um mundo normótico por muito tempo. Paciência consigo! Agora esse ajuste da Frequência Maior vai adaptando você a um novo panorama... Com uma nova percepção, novos *insights*, etc. Sensações Inúmeras e diversas e lembranças de polos extremos: às vezes agradam, em outras incomodam... Prazeres antigos já não satisfazem (esvaziando padrões) e de repente coisas muito simples lhe trazem êxtase! Você olha com mais neutralidade para o que **antes era o outro**: sua percepção do não julgar, não comparar, não reclamar sobre determinados eventos faz você vibrar...

Você simplesmente abole alguns de seus conceitos e Verdades antigas... Interage com seu Poder interno. Você gradativamente se culpa menos pelos erros, e depois, de maneira impressionante, não se culpa!

Grande parte sua entende, na Profundidade, que tudo serve a uma causa Maior. Por isso, "está TUDO SEMPRE CERTO".

Você já frequenta o estado de Sat-Chit-Ananda (SAT – Existência Verdadeira; CHIT – Consciência; ANANDA – Felicidade Autêntica), que é um estado consciencial elevado. E mesmo que ainda não consiga permanecer neste estado, uma parte sua que despertou regozija por cada conquista...Você se torna um **ser melhor, bem diferente do conceito** que trazia de **ser melhor**... Começa a treinar o não reagir para chegar ao não agir...

Então, como é essa questão? Não vou reclamar do trânsito? Não vou brigar com minha esposa quando ela briga comigo?

A não ação não está no fato de você não reagir, mas no fato de você tomar Consciência, de preferência no momento que estiver acontecendo, das Implicações... É conseguir, no meio de uma discussão, parar sua percepção e mudar a maneira de olhar para o acontecimento.

Você não precisa "virar santo", não precisa se resignar, engolir, brecar a raiva! Aliás, raiva é uma "Descarga" que abastece sua energia criativa... Ela, assim como outras características instintivas e naturais do ser humano, não é "ruim", como aprendemos em nossa FORMação. Assim como muitas outras emoções, que aprendemos a reprimir.

Há um arquétipo do Xamanismo, "a ferida sagrada", que explica que aquilo que você pensa que é negativo em você pode ser seu maior Poder.

"Carência gera competência", aquilo que pensamos ser o nosso pior pode ser o nosso melhor. Aquelas coisas com as quais não queremos entrar em contato contêm, quando olhadas com Consciência, um Poder escondido.

Não quero citar nomes, mas há um grande comunicador de televisão que sofre de gagueira, isso mesmo! Você imagina o que essa pessoa, para falar em público e chegar aonde chegou, teve de superar?

Está aí um exemplo de ferida sagrada, um exemplo de que, por trás daquilo que julgamos ruim, pode haver algo divino, sagrado, poderoso, e há mesmo.

Nossas imperfeições são **perfeitas**, não há nada de errado com elas...

O mundo sem erros não seria **real**, não seria SAT...

A vida só é maravilhosa se for no estado de SAT, existência na Plenitude, a Felicidade sem a necessidade de qualquer acontecimento ou evento, ser feliz sem que precise acontecer nada para isso, porque não controlamos nada, e quando tentamos controlar a vida, não deixamos nosso Poder se manifestar, vir à tona.

Se sentirmos, "experienciarmos" a dor, ela vira transcendência. Está aí um exemplo, temos de olhar para as perdas e lutos de nossa vida.

A importância de olharmos os ritos de passagens, olhar nossas dores, nossas experiências, este livro não tem a pretensão de torná-lo Santo. Seu objetivo é fazer o leitor perceber que se mudar a sua percepção sobre os fatos tudo muda e que com tais mudanças você passa a ser o operador dos milagres.

Se você mudar, tudo ao seu redor muda, inclusive as pessoas.

Gandhi falava isto, "seja a mudança que você quer ver no mundo". Seja mesmo, porque isso é possível, é uma teia que vai se espalhar, aprendemos que nada está separado. E se nada está separado, tenho o poder de mudar positivamente tudo ao meu redor. Observe-se!!! Algo em você mudou (mesmo que ainda não tenha percebido... Passei 49 dias na Índia, passados 30 dias, quase no fim do curso, falei: "Cadê o resultado, não tô vendo, não tô percebendo"; quando terminei esse curso entendi o quanto havia avançado).

É um estado de Consciência, porque estamos acostumados a monitorar os estados racionais, talvez, se você praticou essas percepções nos módulos anteriores e refletiu, muita coisa já mudou em você, pode ter certeza. Talvez não seja perceptível racionalmente, mas irá perceber que tem novas visões da vida.

Quando entramos nesse eixo experiencial, esse eixo de evolução que é um processo da Consciência, de alguma maneira notamos que isso está em nós o tempo todo.

Vamos falar um pouco sobre essa questão da dualidade, que é mais um aprendizado do inconsciente coletivo. Agora podemos olhar para ela porque tiramos a crosta maior, portanto, podemos mencioná-la nesse momento.

Nosso cérebro processa muito essa coisa positiva e negativa, esse processo é chamado de conceito da dualidade: bom/mau, luz/sombra.

O bem é um mal não lapidado, isso parece ser algo meio filosófico, bonito de falar. Mas como é praticado? Só existe uma maneira, e é pela percepção.

Quantas situações vivemos e achamos ser negativas, mas foi a melhor coisa que aconteceu, naquele momento? Um relacionamento ou um emprego que não deram certo, porque não era para estarmos naquela história, mas para vivenciarmos as alegrias do hoje!

"A LEI MAIOR DA VIDA É A IMPERMANÊNCIA."
(PAULO SÉRGIO OLIVEIRAHH)

11º Passo: Contemplação (não ação)

Nós atrapalhamos a Divindade, o milagre.

Somos ensinados pela educação escolar e familiar a "agir"... Sempre temos de "agir"... Somos até reprimidos quando não estamos "agindo". Há de se trazer aqui a percepção de que esse "agir" que aprendemos é na verdade um reagir, isto é, não fomos estimulados a "agir" pela Essência Maior, pela espontaneidade ou pela inspiração, pois se fôssemos escutaríamos o tempo inteiro e agiríamos pela voz do universo, da Divindade, Algo Maior ou aquilo que se queira chamar.

Essa ação automática que foi imputada em nós acabou virando um grande arqui-inimigo, pois é um ato racional fortalecido pelas preocupações e ansiedades nossas e do inconsciente coletivo.

Na Índia, existe um tipo de Sadhana (prática) denominado Nada Yoga: a contemplação (mais ou menos é esta tradução...).

Não fomos criados, educados e treinados em nenhum tipo de formação, seja ela familiar, escolar, esportiva ou profissional.

Pouquíssimas doutrinas ocidentais falam da não ação, do observar sem reagir, do contemplar o belo, do acolher o feio.

Nesse estado, nesse passo, trilhamos os caminhos de purificação, esvaziamento, abrindo espaço para a Expansão. Não caberia nem cabe mais a permissão para essa ação robótica da Mente.

Não agir é abrir espaço para a ação da Divindade Maior, consequentemente, a ação do milagre. Nós atrapalhamos nosso Poder quando achamos que podemos fazer algo que neste instante pertence à esfera da Divindade.

O Universo conversa conosco o tempo inteiro.

Chegado a este passo 11, devemos estar com as antenas bem ajustadas a escutar e até dialogar com a Força Maior. Pode parecer loucura, mas é assim mesmo que acontece.

A vida fala conosco o tempo inteiro. Quantas vezes somos avisados por uma voz Maior, a voz da Alma, a voz da Divindade que habita dentro de nós, a não fazer determinada coisa, não ir a determinado local, parar com um relacionamento que não nos leva a lugar nenhum, olhar para nossa saúde, buscar novas histórias, etc.

Às vezes encontramos uma pessoa uma única vez e ela, sem perceber, nos diz algo que muda nosso dia, nosso pensamento e até mesmo nossa vida. São pequenas coisas, pequenos detalhes que nos trazem grandes mensagens, grandes lições. Isso acontece porque naquele momento estamos receptivos àquela percepção.

Na Índia, existe um ditado que diz: "Coincidência só existe no dicionário dos tolos".

Este é o meu convite nesse 11º passo: parar, observar, contemplar, vigiar, não agir, apenas ouvir a vida, ouvir a Divindade que habita em você.

Quando conversamos com nossa Força interna, com a Divindade que habita em nós, tudo é Expansão, tudo é Unidade, e passamos a ser a própria manifestação divina.

"SAGRADO É ONDE EU COLOCO MINHA CONSCIÊNCIA."
(PAULO SÉRGIO OLIVEIRAHH)

Considerações Finais

Estamos na Nova Era, está vindo uma onda de mudança, energias que foram guardadas por anos e anos estão se manifestando. Nessa Era da Consciência, essas energias de Expansão estão soltas por aí, por isso muitas pessoas não estão sabendo lidar com as mudanças que isso provoca. Há uma grande onda vindo, e se tomarmos posse dessas ferramentas que estudamos neste livro, vamos surfar nessa onda.

Se continuarmos no inconsciente coletivo, SÓ reagindo normoticamente, seremos engolidos por essa onda...

Está então, em nossas mãos, a oportunidade de nos alinharmos à Nova Era.

Essa Era da Descoberta de que não precisamos de nada externo, porque já temos tudo e já somos tudo, basta descobrirmos.

Este livro traz o mapa para essa descoberta e para a percepção do todo. Como um Poder que começa a se desenvolver dentro de cada um de nós e se expande pela infinitude.

Leitura Recomendada

Decifrando o Mistério dos Sonhos

Compreenda o Mecanismo dos Sonhos, Identifique Cada Tipo, Decifre os Significados e Modifique seu Futuro

Mestre Gabriel Amorim

Há demasiadas fantasias e inverdades em relação aos sonhos, como, por exemplo, as encontradas nos corriqueiros dicionários de sonhos, que são comumente vendidos em livrarias e bancas de jornal.

Mesa Reikiana
Uma Fonte Inesgotável de Energia Vital

Inês Telma Citelli

Essa obra tem o propósito de trazer informações sobre a técnica Reiki e a Mesa Reikiana. Mostra a grande possibilidade de atingir beneficamente um número ilimitado de pessoas que precisam e querem viver mais plenamente suas vidas. Ela proporciona a transmissão da energia Reiki vinte e quatro horas por dia, sete dias por semana, sem interrupção, enquanto a pessoa estiver em terapia.

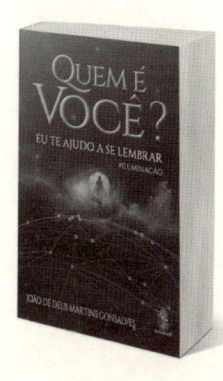

Quem é Você?

Eu Te Ajudo a Se Lembrar

João de Deus Martins Gonsalves

Esse livro tem o objetivo de expor uma jornada para entender como as coisas acontecem e por que acontecem. Entender quem decide o que vamos viver e quem cria a nossa realidade. Os filósofos gregos tinham perguntas essenciais: Quem sou eu? De onde venho? Para onde vou? O autor acrescentou: Quem decide a nossa vida? Quem determina o que vamos viver? Quem decide se vamos ser saudáveis ou doentes? Quem decide se vamos ser prósperos ou viver em escassez? Quem decide se vamos ser felizes ou infelizes no campo romântico afetivo?

www.madras.com.br

Leitura Recomendada

Reflexões de um Inseto
Um Romance sobre a Natureza e a Fragilidade Humana

Doroty Santos

Ninguém está seguro, ninguém pode escapar do olhar desse ser que é menosprezado, porém, tudo vê, tudo ouve, tudo sabe. Os medos, as vaidades, as incertezas de Patrícia e Eunice são revelados através de olhos que elas nem imaginam que estão presentes e que percorrem suas histórias analisando cada passo, cada momento, cada situação.

Yoga
A Vida, O Tempo

Neide V. Pinheiro e Jeovah de Assis Pinheiro

Esse livro tem por base o Yoga clássico, conhecido como Ashtanga-Yoga, por meio de belas histórias, exemplos e pensamentos, permitindo uma leitura agradável do começo ao fim. O Ashtanga-Yoga ou Yoga de oito membros ou angas é apresentado através de um triângulo. Em sua base estão os Yamas e Niyamas, que formam o alicerce do Yoga.

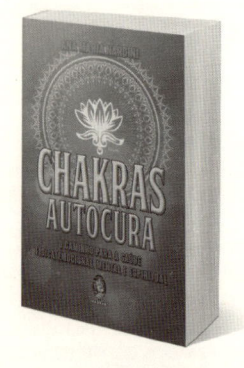

Chakras – Autocura
O Caminho para a Saúde Física, Mental e Espiritual

Ana Maria Nardini

Esse livro nasceu da necessidade de dar suporte aos alunos dos cursos de terapias holísticas para que, de maneira simplificada, eles possam manter o equilíbrio dos chakras no seu dia a dia. Apesar de ser um assunto muito conhecido hoje, reconhecer um desequilíbrio nos chakras nem sempre é tarefa fácil.

www.madras.com.br

MADRAS® Editora — CADASTRO/MALA DIRETA

Envie este cadastro preenchido e passará a receber informações dos nossos lançamentos, nas áreas que determinar.

Nome _____
RG _____ CPF _____
Endereço Residencial _____
Bairro _____ Cidade _____ Estado ____
CEP _____ Fone _____
E-mail _____
Sexo ❏ Fem. ❏ Masc.   Nascimento _____
Profissão _____ Escolaridade (Nível/Curso) _____

Você compra livros:
❏ livrarias   ❏ feiras   ❏ telefone   ❏ Sedex livro (reembolso postal mais rápido)
❏ outros: _____

Quais os tipos de literatura que você lê:
❏ Jurídicos   ❏ Pedagogia   ❏ Business   ❏ Romances/espíritas
❏ Esoterismo ❏ Psicologia ❏ Saúde   ❏ Espíritas/doutrinas
❏ Bruxaria   ❏ Autoajuda   ❏ Maçonaria ❏ Outros:

Qual a sua opinião a respeito desta obra? _____
_____

Indique amigos que gostariam de receber MALA DIRETA:
Nome _____
Endereço Residencial _____
Bairro _____ Cidade _____ CEP _____

Nome do livro adquirido: ***11(Onze) Passos para o Despertar***

Para receber catálogos, lista de preços e outras informações, escreva para:

MADRAS EDITORA LTDA.
Rua Paulo Gonçalves, 88 – Santana – 02403-020 – São Paulo/SP
Caixa Postal 12183 – CEP 02013-970 – SP
Tel.: (11) 2281-5555 – Fax.:(11) 2959-3090
www.madras.com.br

MADRAS® Editora

Para mais informações sobre a Madras Editora, sua história no mercado editorial e seu catálogo de títulos publicados:

Entre e cadastre-se no site:

www.madras.com.br

Para mensagens, parcerias, sugestões e dúvidas, mande-nos um e-mail:

marketing@madras.com.br

SAIBA MAIS

Saiba mais sobre nossos lançamentos, autores e eventos seguindo-nos no facebook e twitter

@madrased

/madraseditora